Cibercultura e formação de professores

Coleção Leitura, escrita e oralidade

Maria Teresa de Assunção Freitas
Organizadora

Cibercultura e formação de professores

autêntica

Copyright © 2009 A organizadora
Copyright © 2009 Autêntica Editora

Todos os direitos reservados pela Autêntica Editora. Nenhuma parte desta publicação poderá ser reproduzida, seja por meios mecânicos, eletrônicos, seja via cópia xerográfica, sem a autorização prévia da Editora.

EDITORA RESPONSÁVEL
Rejane Dias

CAPA
Alberto Bittencourt
(Sobre imagem de Jyn Meyer/Stock.XCHNG)

REVISÃO
Vera Lúcia Di Simoni Castro

DIAGRAMAÇÃO
Eduardo Costa de Queiroz

Dados Internacionais de Catalogação na Publicação (CIP)
(Câmara Brasileira do Livro, SP, Brasil)

Cibercultura e formação de professores / organizado por Maria Teresa de Assunção Freitas. – Belo Horizonte : Autêntica Editora, 2009. – (Coleção leitura, escrita e oralidade).

Vários autores.
ISBN 978-85-7526-417-1

1. Cibercultura 2. Computadores na educação 3. Escrita 4. Inclusão digital 5. Inovações tecnológicas 6. Internet (Rede de computadores) 7. Leitura 8. Professores - Formação profissional I. Freitas, Maria Teresa de Assunção. II. Série.

09-08094   CDD-370.71

Índices para catálogo sistemático:
1. Cibercultura e formação de professores : Educação 370.71

Belo Horizonte
Rua Carlos Turner, 420
Silveira . 31140-520
Belo Horizonte . MG
Tel.: (55 31) 3465 4500

www.grupoautentica.com.br

São Paulo
Av. Paulista, 2.073, Conjunto Nacional, Horsa I
23º andar . Conj. 2310-2312 Cerqueira César
01311-940 São Paulo . SP
Tel.: (55 11) 3034 4468

Sumário

7 **Apresentação**
Maria Teresa de Assunção Freitas

13 **Relações entre tecnologias digitais e educação: perspectivas para a compreensão da aprendizagem escolar contemporânea**
Eucidio Arruda

23 **Escola aprendente: comunidade em fluxo**
Maria Helena Silveira Bonilla

41 **Professores e internet: desafios e conflitos no cotidiano da sala de aula**
Rosane de Albuquerque dos Santos Abreu

57 **A formação de professores diante dos desafios da cibercultura**
Maria Teresa de Assunção Freitas

75 **Infoexclusão e analfabetismo digital: desafios para a educação na sociedade da informação e na cibercultura**
Marco Silva

87 **Teleduc – Ferramenta de apoio e de inclusão digital no Programa Ação Cidadã**
Lívia Maria Villela de Mello Motta

99 **Aprendizagem do adulto: contribuições para a construção de uma didática *on-line***
Adriana Rocha Bruno

117 **Sobre os autores**

Apresentação

O tema da formação de professores se faz presente em interessantes publicações brasileiras, focalizado a partir de diferentes abordagens. No entanto, ainda é pouco o que se tem publicado sobre as possíveis relações entre cibercultura e formação de professores.

Considero esse tema pertinente, atual e de grande importância, já que a formação inicial ou continuada de professores, ao colocar entre suas preocupações as questões trazidas pelo mundo digital e pela cibercultura, poderia implementar consequentes ações para a inclusão digital de professores e alunos.

Essas preocupações estão presentes, desde 1999, no Grupo de Pesquisa Linguagem Interação e Conhecimento (Grupo LIC) da Faculdade de Educação da UFJF, sob a minha coordenação. De 1999 a 2003, em pesquisas financiadas pelo CNPq e pela Fapemig, o grupo voltou sua atenção para o letramento digital de adolescentes estudando sua leitura e escrita na internet com base em análise de *chats*, e-mail em listas de discussão sobre seriados televisivos e *sites* construídos por esses usuários.

Com essas pesquisas, foi possível evidenciar que a internet tem contribuído para que os adolescentes escrevam mais. Uma escrita que é inseparável de uma leitura e se configura como um novo gênero discursivo. Os adolescentes passam grande parte de seu tempo diante da tela envolvidos em uma escrita teclada criativa (criando códigos apropriados ao novo suporte), espontânea e interativa. Essa leitura-escrita hipertextual dos adolescentes dirige-se a interlocutores reais mostrando-se muito significativa para seus usuários.

Uma indagação, então, fez-se presente: a escola conhece essas práticas de leitura-escrita, esse letramento digital de seus alunos? Através da inserção em escolas, possibilitada pelas pesquisas realizadas, percebeu-se certo descompasso entre o que acontece nas salas de aula e o avanço das tecnologias digitais presentes na contemporaneidade. Observou-se sinais de resistência por parte da escola e dificuldades dos professores em enfrentarem as demandas suscitadas por essas tecnologias. Os atuais professores pertencem a uma geração de transição no que se refere ao computador e a internet. Eles podem ser considerados "estrangeiros digitais" diante de seus alunos "nativos digitais". Essa diferença de culturas precisa ser enfrentada para que o diálogo entre elas aconteça. Assim, os professores de todos os níveis educacionais precisam se aproximar dessa nova cultura e aprender com os que dela participam, conhecendo e compreendendo mais o letramento digital de seus alunos e construindo com eles novas relações de aprendizagem permitidas pela utilização do computador e da internet.

Percebendo que o professor em sua formação inicial e continuada não pode ficar alheio a esse novo cenário que vem impactando as organizações que aprendem, o Grupo LIC sentiu a necessidade de um investimento maior em estudos envolvendo a formação docente ante as tecnologias digitais, especialmente o computador e a internet.

Esses estudos levaram à formulação de uma série de perguntas. Como os professores enfrentam e se posicionam diante da cultura tecnológica da informática com o que ela oportuniza através do computador e da internet? Como os professores se situam e agem perante as novas práticas de leitura e escrita possibilitadas pela cibercultura? Como a cibercultura pode afetar os processos de aprendizagem na escola? Até que ponto os professores se apropriam das contribuições dessas tecnologias para pensarem sobre transformações que podem ocorrer no processo de aprendizagem? Estão os professores preparados para enfrentarem essas questões postas pela cultura digital contemporânea?

Para responder a essas perguntas, o Grupo de pesquisa LIC desenvolveu de 2003 até o momento atual (2009) outras pesquisas também financiadas pelo CNPq e pela Fapemig, focalizando a relação do professor com o letramento digital e com os processos de aprendizagem nestes tempos de inovações tecnológicas. Fica evidente, baseando-se nessas pesquisas, que não basta equipar as escolas com computadores e internet. Não se trata apenas de informatizar a escola, mas os professores precisam compreender o próprio contexto em que vivem os seus alunos no qual a informatização já se faz presente, mesmo sabendo que há ainda um grande grupo de nossa população que se encontra em estado de exclusão digital. Isso, entretanto, não deve ser uma desculpa ou um impedimento para seguir-se em frente. É importante a luta para que políticas públicas se instalem de forma que essa realidade se efetive atingindo a todos, evitando novas formas de exclusão. Nesse sentido, é interessante pensar que a escola pode ser vista como um espaço propício para a inclusão digital. Assim, os professores, ao compreenderem o uso que seus alunos já fazem, ou poderão fazer, do computador e da internet, podem reorientar seu trabalho nessa perspectiva. Trata-se da compreensão de um presente que está gerando um novo futuro. Não podem os professores continuarem trabalhando como se essa realidade não existisse.

As pesquisas desenvolvidas pelo Grupo LIC permitiram perceber que, mesmo existindo o computador na escola, na maioria das vezes, esse está sendo subutilizado, sem que se aproveite de fato o seu potencial como instrumento de aprendizagem. Os professores, muitas vezes, sentem-se inseguros em lidar com os produtos que o computador oferece, como os recursos da web e as práticas de leitura e escrita, que alunos fora da escola realizam na internet. Essas indicações não implicam uma culpabilização dos professores. O que se constata é que, de fato, estão faltando políticas públicas educacionais efetivas, que lhes deem melhores condições de trabalho. Neste sentido, observa-se que, na formação dos professores, tanto inicial quanto continuada, poucas e incipientes têm sido as iniciativas capazes de apontarem saídas reais ou de contribuírem de forma eficiente com um trabalho que integre a questão da aprendizagem, enquanto promotora de desenvolvimento cognitivo dos alunos com os instrumentos tecnológicos como o computador e a internet.

A preocupação com essa situação e a necessidade de promover uma discussão sobre o tema da formação de professores voltada para os desafios trazidos pelas tecnologias digitais levaram à realização do "I Colóquio Formação de Professores e Cibercultura" organizado pelo Grupo LIC na Faculdade de Educação da UFJF. Esse evento reuniu importantes pesquisadores pertencentes à UFMG, UFBA, PUC-Rio, PUC-SP UERJ, PPGE da Estácio de Sá e UFJF que apresentaram textos especialmente escritos para a ocasião e que foram discutidos com os participantes envolvendo mestrandos, doutorandos, alunos de graduação e professores de ensino superior e das escolas de ensino fundamental e médio da região.

Consciente de que o conhecimento produzido deve ser socializado, considerei a oportunidade de reunir estes interessantes textos, que tiveram um alcance limitado apenas ao grupo de participantes do evento, em um livro, que possa atingir a um maior número de professores em sua formação inicial ou continuada, proporcionando fecundas reflexões sobre as questões postas à educação pelo mundo digital e pela cibercultura.

Coloco, portanto, nas mãos dos leitores, o livro *Cibercultura e Formação de professores*, cujos textos estão distribuídos em três conjuntos de capítulos.

O primeiro conjunto tem como eixo a escola e suas relações com a presença do computador e da internet em seu cotidiano e na vida de alunos e professores.

Iniciando essa discussão, Eucidio Arruda, no primeiro capítulo, "Relações entre tecnologias digitais e educação: perspectivas para a compreensão da aprendizagem escolar contemporânea", problematiza o campo dos usos e apropriações de tecnologias digitais para alunos e professores dentro e fora do ambiente escolar. O autor apresenta situações em que a escola, o trabalho do professor e a aprendizagem encontram-se em total transformação e mudança paradigmática. Defende, em seguida, que as discussões sobre aprendizagem escolar, organização da escola e relações sociais no seu interior, devem passar por compreensões acerca das mudanças tecnológicas ocorridas na sociedade atual, visto que implicam transformações de ordem cognitiva, política, econômica, social e cultural. Salienta ainda a necessidade de empreender maiores discussões sobre o assunto, já que a escola ainda se encontra distanciada dessas, e muitas críticas direcionadas à instituição escolar possivelmente estão vinculadas a tal distanciamento.

No segundo capítulo, "Escola aprendente: comunidade em fluxo", Maria Helena Silveira Bonilla parte da constatação de que o contexto contemporâneo é marcado pela velocidade das transformações que ocorrem em diferentes âmbitos sociais e por sua estrutura em redes, o que potencializa processos horizontais e não linearidade. Daí decorre a necessidade de pensar processos de significação, aprendizagem, cidadania, produção de cultura e conhecimento, especialmente no âmbito escolar. Continuando sua reflexão, a autora aponta que a escola ainda não consegue abranger a complexidade contemporânea e incorporar as novas formas de organização, pensamento e construção de conhecimento que estão emergindo. Por isso, é fundamental que se abra à ressignificação de suas concepções, aproveite as possibilidades oferecidas pelas tecnologias, faça disso um ato de criação e de estruturação de novas territorialidades, de forma que possa constituir-se numa escola aprendente, ou seja, numa comunidade em fluxo, que processa informações, reconfigura ações, resolve problemas e promove o desenvolvimento profissional de modo criativo e transformador.

Rosane de Albuquerque dos Santos Abreu, no terceiro capítulo, "Professores e internet: desafios e conflitos no cotidiano da sala de aula", comenta que o cotidiano da sala de aula vem sofrendo profundas transformações. Os alunos são mais inquietos, desatentos, menos motivados, enquanto os professores sentem que o modelo de aula costumeiramente usado já não funciona e exige reformulações. Com base nesse comentário, analisa um dos fatores geradores de tais transformações: aquele advindo da penetração social e educacional da internet. Relata, então, uma pesquisa por ela realizada com professores do ensino fundamental e médio, na qual foram identificados os principais conflitos e desafios por eles percebidos no uso pessoal e profissional da internet. As problemáticas geradas pelo fluxo e excesso de informação, pela prática do copiar-colar, pela diversidade de fontes de informação e pela lógica do hipertexto são especialmente discutidas pelos sujeitos de pesquisa e levantam questões pedagógicas interessantes.

Encerrando a discussão proposta nesse conjunto de capítulos, Maria Teresa de Assunção Freitas, no texto "A formação de professores diante dos desafios da cibercultura", apresenta o relato de uma pesquisa qualitativa que incide sobre as questões do letramento digital e da aprendizagem na formação de professores. Ao focalizar o objeto de estudo, ela explicita o que entende por letramento digital e como o relaciona com a formação de professores. Os fundamentos teóricos do trabalho são discutidos a partir da teoria enunciativa da linguagem de Bakhtin e da teoria social da construção do conhecimento de Vygotsky, mostrando as implicações da perspectiva histórico-cultural tanto para a compreensão do objeto de estudo quanto para a sua organização metodológica. As estratégias metodológicas desenvolvidas no processo de pesquisa mostraram suas possibilidades de provocar mudanças nos participantes envolvidos. Conclui que pesquisas de intervenção, que funcionam como um espaço de formação e integram um trabalho reflexivo sobre a própria prática pedagógica, podem ser uma alternativa para um efetivo uso do computador e da internet na escola.

O segundo conjunto de textos formado pelos capítulos 5 e 6 centra-se no tema da inclusão digital.

Marco Silva, no capítulo 5, "Infoexclusão e analfabetismo digital: desafios para a educação na sociedade da informação e na cibercultura", afirma que a educação na sociedade da informação e na cibercultura tem a seu favor a demanda social e tecnológica por uma atitude comunicacional não mais centrada na lógica da distribuição de informações que marcou o *modus operandi* da mídia de massa (rádio, imprensa e televisão) e da sala de aula baseada na pedagogia da transmissão. Todavia, terá pela frente o desafio da exclusão digital, do analfabetismo digital da maioria dos estudantes e também dos professores. Uma vez que inclusão digital é mais que acesso livre à conectividade *on-line* e *off-line*, a educação precisará promover a formação do cidadão na cibercidade e no ciberespaço. Esse capítulo mostra que a escola e a universidade precisarão apresentar-se como oportunidade de formação do sujeito cada vez mais imerso na cibercidade e no ciberespaço, como ambiente comunicacional capaz de acolher novos espectadores, a geração digital, e prepará-los para a construção coletiva de si mesmos e da sociedade.

Continuando essa reflexão, Lívia Maria Villela de Mello Motta, no capítulo 6, "Teleduc – Ferramenta de apoio e de inclusão digital no Programa Ação Cidadã", discute a inclusão digital promovida pelo uso do Teleduc no Programa Ação Cidadã, um projeto de extensão desenvolvido pelo LAEL da PUC - de São Paulo. O Teleduc é uma plataforma ou um *software* livre, usado como ambiente virtual de aprendizagem para cursos a distância. No Programa Ação Cidadã, o Teleduc foi, inicialmente, proposto para ser uma ferramenta de apoio para as oficinas presenciais. Ao ser implementado, entretanto, verificou-se que, além de ferramenta de apoio, ele propiciou a inclusão digital de professores que participam do programa e é um espaço para formação de professores, ajudando-os a refletir sobre sua prática e a conhecer a prática de outros.

Em uma abordagem diferente das relações cibercultura e formação de professores focalizadas nos dois conjuntos anteriores, Adriana Bruno finaliza o livro trazendo uma instigante discussão sobre a questão da aprendizagem de adultos em tempos de cibercultura abordando uma situação de ensino a distância. Assim, no sétimo capítulo, "Aprendizagem do adulto: contribuições para a construção de uma didática *on-line*", a autora busca encaminhamentos para a problemática: as contribuições da Didática para a formação de adultos como promoção da aprendizagem por meio da Educação *on-line*. Para tanto, dois enfoques delineiam sua abordagem da didática *on-line*: a aprendizagem do adulto, baseando-se em estudos sobre a aprendizagem experiencial desenvolvidos por David Kolb, e a mediação pedagógica em ambientes *on-line*, subsidiada na área da didática, tendo como principais alicerces as contribuições teóricas de Saturnino de La Torre, Otto Peters e Jose A. Valente. Suas análises foram gestadas com base em uma pesquisa que se debruçou sobre um curso de formação docente a distância cujas contribuições revelaram que a aprendizagem do adulto em cursos que se utilizam da Educação *on-line* precisam inserir uma didática que promova estratégias de conexão crítica com o mundo, criando também circunstâncias de exploração em espaços de interação, para além dos cursos, e que visem a uma aprendizagem integradora.

Na diversidade dos enfoques, os sete textos se encontram na medida em que aproximam a formação de professores das questões hoje levantadas pela cibercultura.

Maria Teresa de Assunção Freitas

Relações entre tecnologias digitais e educação: perspectivas para a compreensão da aprendizagem escolar contemporânea

Eucidio Arruda

O presente trabalho tem como objetivo apresentar uma discussão sobre as inovações tecnológicas presentes na sociedade atual e suas vinculações com a dinâmica de funcionamento da escola, tanto em termos de relações de trabalho quanto de práticas pedagógicas.

Percebe-se, empiricamente e na literatura estudada, que as transformações tecnológicas vividas pelos sujeitos na contemporaneidade representam não só introdução de equipamentos e "técnicas" na sociedade, mas, principalmente, mudanças de ordens sociais, culturais, de trabalho e educacionais. Tais características são importantes neste artigo, uma vez que essas modificações implicam o redimensionamento dos discursos educacionais – tanto em termos de organizações do próprio espaço escolar quanto das reestruturações curriculares e em aspectos cognitivos do aluno, ou seja, as formas como ele apreende, reorganiza o conhecimento escolar e extraescolar.

O artigo organiza-se da seguinte forma: em primeiro lugar, analisam-se os conceitos de modernidade e pós-modernidade, vinculando-os às discussões no campo da sociologia da educação em seus respectivos tempos históricos. Em seguida, discutem-se as relações entre as tecnologias digitais e as possíveis "novas" formas de aprendizagem do aluno recebido pela escola atualmente. Busca-se, nessa parte, vincular diferentes formas de aprender com diferentes tecnologias à necessidade de a escola compreender essas características de maneira a reorganizar o sentido e o significado da própria escolarização para as novas gerações de estudantes. Por fim, são tecidas algumas considerações acerca desse campo de estudos ainda incipiente.

A modernidade e sua radicalização

A compreensão da sociologia da educação e as relações estabelecidas no interior da escola a partir da incorporação das tecnologias de informação e comunicação (TIC) incorrem em uma compreensão mais ampla do mundo contemporâneo e de suas especificidades.

A modernidade parte de pressupostos rígidos para a explicação das coisas. A ideia de que a racionalidade e o progresso trariam a resposta para todos os dilemas sociais cria um sistema no qual as respostas são dadas com base em grandes narrativas e estruturas mais ou menos rígidas que organizam e problematizam a sociedade. A sociologia da educação, estando inserida nesses contextos, já refletiu também essa organização de pensamento na sua forma estruturalista, conforme apresentado por Silva (1993). Salienta-se a necessidade de acompanhar esse movimento como histórico; portanto, não se pode criticar tais formas de pensamento, e sim compreendê-las na sua temporalidade.

Harvey (1999), ao desenvolver os processos históricos que nos levam à situação "pós-moderna", estabelece relações entre o fordismo e o modelo de acumulação flexível. Apesar de ambos serem modelos de produção, sendo, portanto, vinculados diretamente a aspectos econômicos, percebe-se que suas implicações imbricam-se de maneira profunda nos âmbitos culturais, sociais, políticos, entre outros. Importante destacar que o modelo fordista nada possui de inovador, visto que a divisão de tarefas e o modelo de organização do trabalho estavam presentes na obra de Adam Smith, no clássico "A riqueza das nações".

A escola, uma vez que é local da formação das novas gerações, reflete também as características da própria sociedade (pelo menos isso era mais claro no modelo fordista). A chamada "acumulação flexível" inicia outros processos de relações de trabalho, vinculados principalmente ao desenvolvimento tecnológico.

Uma vez que a escola é também local de formação de novos trabalhadores, é de se esperar que os discursos acerca da organização do ensino e da aprendizagem escolares reflitam essas "demandas" sociais. No entanto, vive-se um grande dilema: por um lado, modelos estruturantes como o fordismo e o marxismo não dão conta dos problemas advindos principalmente das relações dos sujeitos, das singularidades e dimensões culturais. Por outro lado, a "flexibilização" e o relativismo "exacerbado" são perigosos, visto que podem, literalmente, "pulverizar" as interpretações que levam à existência de grandes núcleos culturais e econômicos dominantes, que exercem poder sobre a ordem social (Silva, 1993).

Silva (1993) também chama a atenção para os perigos do pensamento moderno na definição da consciência e da subjetividade. Autores marxistas, por exemplo, ao discorrerem sobre esse assunto, acabaram por levar-nos a um caminho em que a consciência é compreendida por alguns poucos "iluminados", ao passo que a grande massa "inconsciente" deve ser conduzida por esses. A retirada da autonomia do pensamento do sujeito prejudica a sua compreensão como alguém que possui consciência de si, do outro e da realidade em que vive, consciência esta que não pode ser comparada a nenhum outro sujeito, visto ser uma construção de sua relação com o mundo.

É difícil pensar na primeira opção de consciência; no entanto, o desafio que temos é a construção de teorias que não caiam na ingenuidade do relativismo total. Conforme cita o autor: "Faz mais sentido falar num confronto de diferentes subjetividades, o que concederia uma importância maior à construção de espaços públicos de discussão e debate onde essas diferentes subjetividades tivessem a oportunidade de se defrontarem" (SILVA, 1993, p. 131).

Por outro lado, os teóricos que decretaram o fim da modernidade afirmam estarmos em um contexto pós-moderno, em que toda lógica progressista, do caráter "infalível" do conhecimento científico, e o fim da "grande narrativa histórica" desapareceram, dando lugar a "uma pluralidade de reivindicações heterogêneas de conhecimento, na qual a ciência não tem lugar privilegiado" (GIDDENS, 1991, p. 12).

Silva (1993) considera que esse "fim" gera, no lugar de uma perspectiva etnocêntrica do pensamento, uma afirmativa de que todas as culturas são necessariamente etnocêntricas, e são esses etnocentrismos, juntamente com as relações de poder entre eles, que se devem confrontar.

De maneira a vincular essa afirmativa às condições escolares, percebe-se que o professor, no mundo contemporâneo, vivencia situações complexas para o seu trabalho. Quando discute condições para a aprendizagem, produções de avaliações e necessidade de valorização das culturas diferentes de seus alunos, ele corre um sério risco de extinguir o aparecimento de singularidades sociais, religiosos, de poder, econômicos, etc. Uma perspectiva que considera cada referencial cultural numa arena pública de confronto apresenta-se como mais apropriada para essas situações.

Ao mesmo tempo, Silva (1993) levanta também o problema de a visão pós-moderna levar ao extremo a desconfiança de que existam estruturas concretas e 'reais' de poder e de acesso desigual a bens e recursos materiais e simbólicos. O autor, ao final, defende uma incorporação do pensamento pós-moderno ao pensamento da teórica crítica, desde que incorporadas suas críticas – o que leva a supor que, hoje em dia, a suposta globalização, antes de criar "homogeneidades" mundiais, abre as portas para as diferenças e todos os conflitos gerados por elas.

Acredita-se, cada vez mais, que o período vivido hoje se constitui por transições diversas no pensamento humano. O desenvolvimento tecnológico, a dinâmica veloz de transformação do concreto, das dimensões afetivas, religiosas, políticas e econômicas têm criado dificuldades de análise para os intelectuais das Ciências Humanas, sobretudo os sociólogos.

Educação, novas tecnologias e conhecimento

> A mulher entra no quarto do filho decidida a ter uma conversa séria. De novo, as respostas dele à interpretação do texto na prova sugerem uma grande dificuldade de ler.
>
> Dispersão pode ser uma resposta para parte do problema. A extensão do texto pode ser outra, mas nesta ela não vai tocar porque também é professora e não vai lhe dar desculpas para ir mal na escola. Preguiça de ler parece ser outra forma de lidar com a extensão do texto. Ele está, de novo, no computador, jogando. Levanta os olhos com aquele ar de quem pode jogar e conversar ao mesmo tempo. A mãe lhe pede que interrompa o jogo e ele pede à mãe "só um instante para salvar". Curiosa, ela olha para a tela e se espanta com o jogo em japonês. Pergunta-lhe como consegue entender o texto para jogar. Ele lhe fala de alguma coisa parecida com uma "lógica do jogo" e sobre algumas tentativas com os ícones. Diz ainda que conhece a base da história e que, assim, mesmo em japonês, tudo faz sentido. Aquela conversa acabou sendo adiada. A mãe-professora não se sentia pronta naquele momento. (BARRETO, 2002, p. 72 *apud* PORTO, 2006, p. 43)

A citação acima reflete algumas das discussões já realizadas até o momento neste texto e também aquilo que se pretende aprofundar com base em uma discussão sobre a incorporação das tecnologias digitais no cotidiano das pessoas no mundo contemporâneo e, especificamente, no interior da escola.

Do ponto de vista da sociologia da educação, essa citação é bastante pertinente e faz o pesquisador e professor pensar sobre aspectos cognitivos de pensamento das gerações "digitais" e a organização da escola para empreender a tarefa de ensinar essas novas gerações.

Apesar de recursos como a informática e a internet serem recentes, a tecnologia está presente na sociedade há muito tempo, desde que foi possível ao homem alterar substancialmente a natureza, gerando ações artificiais e transformadoras do meio. Para Sancho (1998), a tecnologia é não só capacidade de desenvolver utensílios, aparelhos e ferramentas, como também diferentes tecnologias simbólicas: linguagem, escrita, sistemas de representações icônicas, pensamento e também tecnologias organizadoras: gestão da atividade produtiva, relações humanas e de trabalho.

Na sociedade contemporânea, há estreita vinculação entre tecnologia e "novidade", principalmente porque na modernidade a tecnologia está ligada à produção (Paiva, 1999). O modelo de produção atual é caracterizado pela grande diversidade de produtos e segmentação de mercado, o que leva as empresas a buscarem constantemente o desenvolvimento tecnológico visando à "diferenciação" em um mercado amplamente competitivo.[1]

Essa dimensão de transformação tecnológica pode ser analisada à luz das considerações de Giddens (1991) sobre o desenvolvimento capitalista, ao afirmar que o capitalismo desenvolveu-se em uma perspectiva globalizante, ou seja, pode alcançar hoje regiões distantes do globo, precisamente por ser uma ordem econômica e não política. Ele alcançou até mesmo espaços em que o próprio Estado não havia alcançado.

Essa característica pode ser explicada pelo desenvolvimento tecnológico contemporâneo que, ao possibilitar mudanças constantes e rápidas dos equipamentos, organizações e símbolos, além dos meios comunicacionais, pôde dessa forma influenciar grandes espaços até então inalcançáveis. Aliás, as tecnologias de informação e comunicação têm papel de extrema importância ao diminuir sensivelmente o espaço físico para transmissão de informações e produção do conhecimento.

Esse processo comumente chamado hoje de "globalização" é considerado por Jameson (2001, p. 12) como um conceito comunicacional, *o que alternadamente mascara e transmite significados culturais ou econômicos*. Esse mesmo autor afirma-nos que o conceito aparentemente comunicacional da globalização transformou-se em uma visão do mercado mundial com sua interdependência recém-descoberta, uma divisão global do trabalho em escala extraordinária, com novas rotas de comércio eletrônico incansavelmente percorridas tanto pelo comércio quanto pelas finanças.

A dimensão da produção informacional produz também novas situações de relação dos sujeitos com o tempo e o espaço. Virilio (1996) discorre sobre o espaço-tempo no mundo contemporâneo. Em uma sociedade digitalizada, tempo e espaço são integrados virtualmente, de tal maneira que perdemos

---

[1] As referências bibliográficas no campo do desenvolvimento produtivo capitalista analisam e nos ajudam a compreender melhor o processo de busca constante de inovação tecnológica pelo mercado. Ao invés da produção por demanda, as indústrias hoje buscam desenvolver tecnologias e criar demandas de consumo dessas mesmas.

suas referências, o que significa uma alteração em toda a lógica construída de tempos-espaços distintos, característicos da modernidade.

Desde a invenção de máquinas industriais com maior capacidade de processamento de dados, até os televisores, geladeiras e micro-ondas ditos "inteligentes", essas novas tecnologias, ou melhor, as lógicas intelectuais envolvidas são incorporadas em todos os âmbitos. Nesse sentido, percebe-se uma espécie de "revolução" socioeconômica e até política (à medida que governos dependem cada vez mais da lógica do tempo real – desde ataques militares até a dependência financeira das Bolsas) e, principalmente, uma revolução mental, à proporção que tais tecnologias reorganizam as formas de apreensão do conhecimento, seja ele acadêmico, seja não acadêmico.

> E é nesse contexto que se afirma que está surgindo uma nova cultura jovem, que envolve muito mais do que simplesmente cultura de música *pop*, MTV e filmes [...] é uma nova cultura no sentido mais amplo, definida como padrões socialmente transmitidos e compartilhados de comportamentos, costumes, atitudes e códigos tácitos, crenças e valores, artes, conhecimento e formas sociais. (TAPSCOTT, 1999, p. 53, *apud* GARBIN, 2003, p. 129)

No campo educacional, rompem-se os limites impostos pelo ensino oral e escrito. Mais especificamente na década de 1990, essas mudanças se tornaram ainda mais marcantes graças ao advento da internet. A internet, apesar de se popularizar a partir de meados da década de 90, existe desde a década de 1960 e foi criada pelos Estados Unidos no auge da Guerra Fria. Essa rede representou grande diferencial para o campo da educação por causa dos novos elementos que trouxe para a área de pedagogia, tais como: a conversa *on-line* entre professor/aluno, um imenso volume de informações constantes nos seus milhões de *home-pages*, ou seja, houve uma dinamização no processo de produção, acesso e compreensão do conhecimento. Pensar a educação, hoje, deve obrigatoriamente passar pela compreensão desses novos modelos de suportes educacionais, visto que passamos por uma ruptura no processo aprender/ensinar em razão das novas tecnologias.

Os ambientes informatizados ou "virtuais"[2] muitas vezes simulam realidades concretas e possibilitam o desenvolvimento de percepções

---

[2] Ao longo deste trabalho, utilizaremos o termo *virtual* para designar, conforme apontado por LEVY (1998), a reprodução de elementos físicos, como espaço, tempo, objetos de uma maneira "não física", construída por linhas de programas computacionais. As realidades virtuais podem reproduzir lugares do universo impossíveis de ser acessíveis ao ser humano, ao mesmo tempo que podem criar universos imaginários

reais em um sistema ou mundo digitalizado, construído por cálculos e perspectiva.

Nas palavras de Levy (1999), os ambientes que hoje permitem simulações de espaços, tempos, combate, estações de trabalho e prefigurações urbanísticas possibilitam uma espécie de comunicação através de um mundo virtual compartilhado a outros sistemas.

Johnson (2001, 2005) considera que a informação e o conhecimento, na tela do computador, reorganiza o raciocínio e cria formatos de aprendizagem, ainda pouco estudados na sociologia da educação. O autor afirma que os ícones, a virtualização do papel, as produções de conhecimento "colaborativas" (via internet) e o *hiperlink* criam perspectivas diferentes para a formação, na medida em que várias janelas se abrem para conhecimentos aparentemente não relacionados, como jogos de computador ou *softwares* que exigem capacidades mentais diferentes, não lineares, cuja principal lógica reside na aprendizagem a partir do erro. Ou seja, a dinâmica da quantidade de informações nos inunda no mundo atual e produz diversos efeitos na forma de aprendizagem.

Ao discorrer sobre as tecnologias digitais, não se pode perder de vista a condição dos sujeitos como produtores de cultura, uma vez que tais tecnologias permitem interatividade e atividade entre esses. Certeau (1994) empreende debates interessantes sobre como os sujeitos, mesmo que aparentemente não possuam "poder" de manipular as produções midiáticas, desenvolvem uma "arte" de utilizar aquelas que lhes são impostas. Por exemplo, o controle remoto da TV permite que o espectador escolha ao que quer assistir, e aquilo a que assiste é interpretado de maneira singular por cada um que acessa tal meio de comunicação. No caso da internet, essa questão nem sequer se aplica, visto que uma das principais características é possibilitar ao usuário não só "navegar" onde quiser, mas também lhe permite a autoria, a possibilidade de produzir e disseminar informações.

Acreditamos que, mais do que ressignificar, os sujeitos que têm acesso às diferentes mídias criam outras relações de saberes e outras maneiras de interpretar o mundo. A mídia eletrônica se apresenta como um avanço tecnológico capaz de modificar nosso comportamento, com um discurso que se materializa em novas condições de possibilidades, em novos espaços e em novas formas que ele assume (Garbin, 2003, p. 121).

Ensino e aprendizagem na escola contemporânea

A dinâmica do mundo atual apresenta ao mundo escolar um novo paradigma a ser desvendado pelo profissional da educação e pelos estudantes

– a produção de conhecimento para bem além da capacidade humana de acompanhamento desse.

No campo da educação, que configura nossa matéria de análise, podemos constatar a "radicalização" (GIDDENS, 1991) do conhecimento, uma vez que as novas tecnologias proporcionam uma interação entre o professor/aluno e, ao mesmo tempo, uma situação de desencaixe tempo/espacial nunca dantes observada. Não estamos discutindo apenas as realidades de ensino a distância, mas até mesmo as mudanças que o desenvolvimento das tecnologias digitais pode representar à relação que o aluno possui com a informação/conhecimento.

Destaca-se que não só a internet, mas também a linguagem informática tem ultrapassado cada vez mais as barreiras dos especialistas e alcançado grande número de pessoas. Em todos os espaços, estão presentes as linguagens computacionais: em supermercados, caixas eletrônicos, serviços de atendimento ao cliente, lojas de entretenimento, etc., ou seja, percebe-se que o acesso a essas linguagens "digitais" tem sido cada vez mais comum entre os sujeitos, o que gera mudanças culturais profundas.

A utilização de *softwares* e a configuração da internet como um novo recurso de aprendizagem não significam apenas a inserção de novas "tecnologias intelectuais" (LÉVY,1993) no contexto da sala de aula. Tais tecnologias trazem consigo novas formas cognitivas do pensar/aprender e representam uma radicalização das maneiras de lidar com o conhecimento.

Muito se diz sobre uma "nova postura" do professor ante as novas tecnologias educacionais, como seu novo papel de "orientador" dos alunos na sua busca pelo conhecimento. Mas considera-se que essa realidade apresentada à escola com a inserção das novas tecnologias não representam apenas outra postura do profissional da educação perante o conhecimento desenvolvido com seus alunos, representa profunda ruptura com as formas anteriores de ensino/aprendizagem. A informática e a internet trazem consigo uma nova lógica e postura diante da aprendizagem completamente distinta das anteriores, afinal, a relação tempo-espaço apresentada pela escola é limitada àquele espaço físico, ao passo que essas novas tecnologias rompem as possibilidades comunicativas e de formação a partir do desaparecimento das fronteiras físicas e temporais.

> Nesse constante movimento entre práticas consagradas das tecnologias de silício e novos mecanismos de poder, observa-se "um trabalho *intelectual* complexo que envolve não apenas a invenção de novas formas de racionalidade, como também a criação de novos procedimentos de documentação, computação e avaliação". (MILLER; ROSE, 1993, p. 77 *apud* MENDES, 2004)

Além disso, o contato que o aluno mantém com o livro ou com o educador se torna também "desencaixado", pois, além da presença do educador, as perspectivas de busca do conhecimento permitem ao aluno incorporar opiniões diferentes de seu professor com a ajuda da internet. O livro, muitas vezes sem aparência mais apropriada às características culturais do aluno, é substituído por tecnologias que permitem outras formas de aprender, como a "interatividade" proporcionada por *softwares*, fóruns de discussão via internet, bate-papo e jogos eletrônicos produzidos para o mercado consumidor, mas que se configuram em alto nível de complexidade intelectual.

Essa interatividade e possibilidade comunicativa, presentes nas tecnologias digitais, requerem, de acordo com Garbin (2003), que crianças e jovens desenvolvam valores, exercitem julgamentos, analisem, avaliem, critiquem ou venham a ajudar outra pessoa. Portanto, a interatividade proporcionada por essas tecnologias é também espaço de atividade e possibilidades para o sujeito construir sua identidade (ou identidades), compreender o mundo, as dinâmicas sociais, políticas e econômicas.

As consequências dessa nova realidade educacional provocam no professor uma sensação de que as coisas ficaram fora de seu alcance – existe um sentimento de perda de poder "intelectual" na sala de aula, visto que a escola passa a ser *um* dos *lócus* de aprendizagem e busca de informações.

No entanto, essas transformações não podem ser vistas apenas como uma "evolução" dos processos educativos ao contrário, representam uma espécie de "ruptura" com os modelos de aprendizagem anteriores. Mais do que uma nova relação professor/aluno, o próprio conhecimento se apresenta de forma diferente, vinculado a tecnologias que exigem novos processos cognitivos de aprendizagem, em perspectivas espaço/temporais sem limites.

Em busca de considerações finais

Conforme salientado, tratar de um assunto tão flexível, ainda inacabado, é incorrer no risco de analisar processos que talvez não se configurem na realidade social. Ainda assim, percebe-se ser importante dar voz a essas discussões de maneira a problematizar e a contribuir analiticamente para esse campo de estudos.

As tecnologias digitais transformam a vida de todos os sujeitos envolvidos direta e indiretamente. Na educação, percebe-se a necessidade de contribuições teóricas no campo da sociologia da educação, de maneira a permitir um olhar mais aprofundado sobre a dinâmica de desenvolvimento tecnológico e suas respectivas relações com o conhecimento escolar e extraescolar. A necessidade dessas discussões pauta-se, conforme preconizado por Silva (1995), em uma obra antiga, porém ainda atual, na possibilidade de o professor tornar-se um "alienígena" em sala de aula ou o inverso: o seu aluno ser considerado tal, graças às diferenças linguísticas, tecnológicas e cognitivas existentes entre esses atores.

Referências

CERTEAU, Michel de. *A invenção do cotidiano: artes de fazer*. Petrópolis: Vozes, 1994.

GARBIN, Elisabete Maria. Cultur@s juvenis, indentid@de, internet: questões atuais? In: *Revista Brasileira de Educação*. n. 23, maio/jun./jul./ago. 2003.

GIDDENS, Anthony. *As consequências da modernidade*. Campinas: Unesp, 1991.

HARVEY, David. *Condição pós-moderna*. São Paulo: Loyola, 1992.

JAMESON, Frederic (Org.). *Lugar global e lugar nenhum: ensaios sobre a democracia e globalização*. São Paulo: Hacker, 2001.

JOHNSON, Steven. *A cultura da interface*. Rio de Janeiro: Zahar, 2001.

JOHNSON, Steven. *Surpreendente! A televisão e o videogame nos tornam mais inteligentes*. Rio de janeiro: Campus, 2005.

LÉVY, Pierre. *As tecnologias da inteligência: o futuro do pensamento na era da informática*. Rio de Janeiro: Editora 34, 1997.

MENDES, Cláudio Lucio. *Controla-me que te governo: Os jogos para computador como formas de subjetivação e administração do "eu"*. Porto Alegre: UFRGS, 2004. (Tese de Doutorado)

PAIVA, José Eustáquio Machado de. Um estudo acerca do conceito de tecnologia. In: *Educação & Tecnologia*. Belo Horizonte: Revista do Centro Federal de Educação Tecnológica de Minas Gerais, v. 4 n. 1/2 jan./dez. 1999.

PORTO, Tânia M. E. As tecnologias de comunicação e informação na escola; relações possíveis... relações construídas. In: *Revista Brasileira de Educação*. v. 11, n. 31, jan./abr. 2006.

SANCHO, Juana M. A tecnologia: um modo de transformar o mundo carregado de ambivalência. In: Sancho, J.M. (Org.). *Para uma tecnologia educacional*. Porto Alegre: Artmed, 1998.

SILVA, T.T. Sociologia da educação e pedagogia crítica em tempos pós-modernos. In: SILVA, T.T. *Teoria educacional crítica em tempos pós-modernos*. Porto Alegre: Artes Médicas, 1993. p. 122-140.

SILVA, Tomaz Tadeu da (Org). *Alienígenas em sala de aula*. Petrópolis: Vozes, 1995.

VIRILIO, Paul. *Velocidade e política*. São Paulo: Estação Liberdade, 1996.

Escola aprendente: comunidade em fluxo

Maria Helena Silveira Bonilla

A velocidade das transformações que estão ocorrendo nos mais diferentes âmbitos da vida social marca o contexto contemporâneo. Cada transformação provoca e é provocada pelas outras, de forma que a complexidade é uma de suas características básicas. Especialmente, as mudanças nos processos tecnológicos provocam transformações na economia, nas relações com o saber, nas relações de poder, nas relações entre os sujeitos. No entanto, não as determinam. Também as transformações tecnológicas são provocadas pela criatividade e pelas necessidades gestadas no interior de todas as demais relações, de tal forma que, segundo Castells (1999, p. 25), "a tecnologia é a sociedade, e a sociedade não pode ser entendida ou representada sem suas ferramentas tecnológicas", o que gera um complexo processo interativo.

Uma das características principais da complexa sociedade atual é sua estrutura em redes, o que oportuniza, segundo Castells (1999, p. 46), que a contemporaneidade se apresente com uma forma específica de organização social em que a geração, o processamento e a transmissão de informação tornem-se as fontes fundamentais de produtividade e poder. A essa sociedade o autor denomina "informacional". Outros autores, estabelecendo relações distintas, atribuem outras denominações, sendo que cada uma delas explicita a análise da sociedade sob determinado foco, de acordo com o viés político, ideológico ou conceitual que o autor quer enfatizar, o que traz repercussões importantes aos processos educativos, de inclusão social e construção da cidadania.

As redes

As tecnologias digitais, mais do que um simples avanço no desenvolvimento da técnica, representam uma virada conceitual, à medida que não são mais apenas uma extensão da força ou dos sentidos humanos. Essas tecnologias são intelectuais, já que ao operarem com proposições, passam a operar sobre o próprio pensamento, um pensamento que é coletivo, que se encontra disperso, horizontalmente, na estrutura em rede da sociedade contemporânea. E rede é fluxo, conexão, articulação, ou seja, em torno da infraestrutura material, forma-se um espaço de comunicação, que permite articular indivíduos, instituições, comunidades, estando contidos também as informações e os seres humanos que por ele circulam, alimentam-no e o transformam. Esse novo sistema de comunicação, segundo Castells (1999), está promovendo a integração da produção e distribuição de palavras, sons e imagens de nossa cultura, assim como o personalizando de acordo com os gostos e as características dos indivíduos.

Uma rede não se organiza a partir de um centro, mas com base em um "movimento sociocultural multiforme" (MARQUES, 1999, p. 101), que tem por característica uma lógica de organização horizontal, em que estão presentes a multivocalidade e a não linearidade e na qual cada um atua de acordo com suas competências e especificidades. Dessa forma, não se cristalizam hierarquias nem ações centralizadas. As hegemonias são instáveis, o movimento é constante, tanto no que diz respeito às reconfigurações resultantes da própria dinâmica das relações estabelecidas entre os parceiros, como também em um sentido mais amplo de mobilização de iniciativas de setores organizados, tendo em vista objetivos comuns, o que dá à rede um caráter aberto e em permanente construção (PRETTO; SERPA, 2001, p. 36).

Por isso, as redes movem-se, transformam-se, incham-se permanentemente, constituindo a nova morfologia das sociedades. A difusão dessa lógica modifica de forma substancial a operação e os resultados dos processos produtivos e de experiência, poder e cultura.

Na etapa atual das forças produtivas, as redes tecem as sociedades e modulam as culturas, rearticulam a política e terceirizam as economias. Tudo se equaciona nas redes, desde nossas ações cotidianas no espaço doméstico até as grandes decisões políticas na esfera do Estado, desde o telex e o fax até as avançadas estações multimídia que operam em três dimensões, desde o *laptop* no automóvel até o telefone celular no navio, desde as transmissões de rádio locais até as transmissões via satélite. Não por outros motivos, as redes estão na origem de uma nova situação cultural (TRIVINHO, 1998, p. 24-25).

Como cada sujeito, cada instituição, cada ponto da rede tem a possibilidade de se manifestar, trazer seus conhecimentos, sua capacidade de aprender e ensinar, o que resulta não é meramente uma soma, nem uma separação entre "bom" e "ruim", "certo" e "errado", mas uma sinergia de experiências. Essa sinergia tem por base o trabalho coletivo e cooperativo, a aprendizagem recíproca, o reconhecimento e o enriquecimento mútuo das pessoas. Essa é a base da *inteligência coletiva* (LÉVY, 1998, p. 28), um modo de articulação em que cada integrante (ou nó) contribui para o enriquecimento de todo o grupo, o que potencializa processos horizontais, possibilita a construção de lugares e territórios onde se aprende, coletivamente, a conviver com outras culturas.

Utilizam esse movimento ao mesmo tempo que o dinamizam, tanto os sistemas hegemônicos como os contra-hegemônicos, tanto as relações de poder verticais quanto as horizontais. Dessa forma, o fluxo é composto de um caldo multicultural que flui em todas as direções, apesar das tentativas que vêm sendo feitas no sentido de canalizá-lo em determinadas direções.

Da sociedade da informação à sociedade do conhecimento

Uma das direções em que se procura canalizar os sistemas socioeconômicos contemporâneos está articulada ao que se denominou chamar Sociedade da Informação. Associadas a essa denominação estão as transformações ligadas às tecnologias de informação e comunicação (TIC), à economia, às instituições sociais, aos estilos de vida, de tal forma que os governos dos mais diversos países estão desenvolvendo programas para responder a essas transformações, provocá-las ou acelerá-las. Acredita-se que esses programas são essenciais para levar os países a patamares superiores de desenvolvimento econômico e social.

Segundo Lyon (1992, p. 1), circulam na sociedade ideias do tipo: de um dia para o outro, tornou-se impossível alcançar o sucesso, em praticamente qualquer campo, sem recorrer às tecnologias da informação; a conjugação da informática com as telecomunicações prenuncia o início de uma nova época; a chave para a prosperidade futura e para modos de vida qualitativamente diferentes estará na aprendizagem dos processos de manipulação, transmissão, armazenamento e obtenção da informação. A difusão de tais ideias tem mobilizado governos, empresas, ONGs, comunidades, a fim de oferecer acesso e capacitação básica para lidar com tais tecnologias.

Webster (1999, p. 6-23) aponta cinco definições de Sociedade da Informação postas no contexto contemporâneo: tecnológica, econômica, ocupacional, espacial e cultural. O autor as analisa procurando apontar articulações entre elas, embora as considere imprecisas e insuficientes, uma vez que destacam apenas aspectos quantitativos do movimento em curso. O autor entende que a definição tecnológica é a mais comum e que sua ênfase está no espetacular avanço das tecnologias, com a convergência e o imbricamento das telecomunicações com a computação. A ideia fundamental que perpassa essa definição é que as transformações nos processos de armazenamento e transmissão da informação têm possibilitado aplicações das TICs em todos os âmbitos sociais, estando as informações acessíveis em qualquer lugar.

Também Lazarte (2000, p. 45), analisando o contexto e o conceito, aponta seu reducionismo, salientando que o aspecto econômico é o que se destaca. Um dos pressupostos da redução da caracterização de uma sociedade aos seus aspectos econômicos é consequência da redução feita pelas políticas globais, que se curvam às pressões financeiras internacionais. Outro pressuposto está relacionado com os modos de ver o mundo, a sociedade e o ser humano, o que faz com que a atual avalanche de informações seja consequência do desenvolvimento de um pensamento racional reducionista, que tem seu ápice na representação de toda informação na mínima unidade informativa, o *bit*. Esse mesmo pensamento considera a interação cooperativa de indivíduos e grupos em rede como "utópica", o que limita as análises feitas.

Para Morin, quanto mais informação, mais comunicação, mais ideias, mais complexidade, mais possibilidade de mergulharmos numa "nuvem de desconhecimento" (MORIN, 1998, p. 98), mas também mais possibilidade de transformarmos esse desconhecido, de torná-lo criativo, de produzir o novo – novos conhecimentos e novas ações. E é diante do vasto volume de informações, dos novos meios de comunicação, das várias formas de organizações sociais, de um contexto complexo que a contemporaneidade está nos colocando. É em virtude dessa complexidade que cabe aqui analisarmos os processos de inserção das TICs para além da disponibilização de informações ou de suas implicações econômicas. A contemporaneidade exige que se pense os processos de significação, de aprendizagem, de cidadania, de produção de cultura e conhecimento, o que se apoia na disponibilização de informações, mas vai além dela, apontando para a organização de uma Sociedade do Conhecimento.

Assim como Castells (1999, p. 46) entende que o termo "sociedade da informação" enfatiza o papel da informação na sociedade, mas que isso não apresenta diferencial algum, já que informação sempre foi importante a todas as sociedades, em todos os tempos, Kurz (2002) acredita que o termo "sociedade do conhecimento" também não traz diferencial algum, visto que "toda sociedade é definida, afinal de contas, pelo tipo de conhecimento de que dispõe". No entanto, aponta que, na sociedade atual, há "um progresso intelectual, um novo significado, uma avaliação mais elevada e uma generalização do conhecimento na sociedade".

Por outro lado, de acordo com Chaparro (2001, p. 19), em cada época as sociedades humanas apresentam peculiaridades ou elementos que caracterizam a base de sua organização social, podendo esses mesmos elementos se encontrar em muitas outras épocas e momentos históricos. No entanto, quando se convertem em *princípios de ação* ou em *princípios organizadores* do comportamento humano e da forma como as organizações e as instituições sociais funcionam e respondem ao seu entorno, passam a *caracterizar* o contexto social e a época histórica. E é justamente esse o papel que o *conhecimento* está desempenhando neste início do século XXI. Para o autor, o conhecimento começa a tomar uma dimensão, a desempenhar um papel na sociedade, que vai além daquele que cumpriu historicamente. Logo, é importante salientar alguns aspectos e conceitos que levam à superação dos limites postos pelo conceito de "sociedade da informação".

Um dos problemas mais críticos da contemporaneidade, e que é agravado com a perspectiva economicista e quantitativa dos programas desenvolvidos na perspectiva de construção de uma Sociedade da Informação, é a exclusão. A difusão das TICs, dentro dessa perspectiva, pode simplesmente reproduzir, talvez mesmo exacerbar, as desigualdades sociais, políticas e econômicas existentes. Tais desigualdades vêm produzindo o que se denomina genericamente como "digital divide, gap digital, apartheid digital, infoexclusão, ou exclusão digital" (SILVEIRA; CASSINO, 2003), e que têm justificado a formulação de políticas públicas com a finalidade de minimizá--las. Essas políticas, em termos gerais, são conhecidas como programas ou projetos de *inclusão digital*. Portanto, o termo "inclusão digital" tem relação direta com o seu antagônico, "exclusão digital", e o dualismo "inclusão/exclusão" compõe os principais sentidos atribuídos aos referidos termos. No entanto, a problemática é muito mais complexa, principalmente quando se considera que promover ações nessa direção é suficiente para resolver problemas estruturais, que extrapolam o âmbito das TICs.

O significado do termo "inclusão" vem sendo revisitado e atualizado de forma a vincular-se a cada visão de mundo que perpassa a sociedade. Pensando o significado do termo "incluir", o Dicionário Aurélio (1999) remete-nos a "inserir, introduzir, por dentro". Mas inserir, introduzir onde? A sociedade moderna, baseada nas grandes narrativas (LYOTARD, 1998), instaura referências e modelos fixos, os quais servem para manter a ordem social. Nessa sociedade, as instituições, em especial a escola, têm como função a reprodução dessa ordem e a transformação dos indivíduos para adaptarem-se ou inserirem-se nela. Logo, o significado do termo "inclusão", na perspectiva moderna, implica um modelo, ao qual todos serão inseridos, introduzidos, adaptados. Ou seja, o processo de inclusão pressupõe um Eu, hegemônico, um discurso único do mundo (SANTOS, 2000), a cuja imagem o Outro, o diferente, o de fora (LINS, 1997), deverá se transformar, sendo esse um processo individual, em que cada um deve buscar a inserção por conta própria. Como consequência, aquele que não se transforma no Eu, é afastado de seus pertencimentos coletivos, passando a vivenciar carências ou desvantagens sociais, tais como falta de trabalho, falta de alimentação, condições precárias de moradia.

Para Boneti (2005, p. 3), inclusão é meramente uma positivação em relação a uma problemática social, a da exclusão, ou seja, é um entendimento do social com base em uma concepção dual do *dentro* e do *fora*. Portanto, é mais um discurso que um conceito. Da mesma forma, inclusão digital é uma positivação da exclusão digital, ou seja, constitui-se num discurso que fundamenta a adoção de políticas públicas compensatórias que visam minimizar a nova problemática social que se evidencia com a disseminação das TICs na sociedade.

Por outro lado, esse discurso gera um movimento que mobiliza governos, instituições, comunidades, sujeitos, a fim de reivindicar o direito ao acesso, ao uso e à apropriação dessas tecnologias. Também o fluxo desse movimento flui em diferentes direções, desde aquela que compreende "inclusão digital" como acesso às TICs até aquela que compreende esse movimento como um processo abrangente, que oportuniza aos sujeitos serem capazes de, utilizando as tecnologias digitais, participar, questionar, produzir, decidir, transformar a dinâmica social.

Esse movimento leva à produção de informações e conhecimentos, à participação ativa na dinâmica contemporânea, à inserção das múltiplas culturas nas redes, com suas características próprias, sem um modelo que reduz tudo ao mesmo. Ou seja, com isso cria-se um processo horizontal, sem um Eu hegemônico, e sim com hegemonias (no plural) localizadas e instáveis, no qual em determinados momentos alguns atores são centrais, enquanto em outros surgem diferentes atores. Nada é fixo e permanente. Tudo está em movimento e transformação.

Nessa perspectiva, o movimento pela "inclusão digital" adquire outros contornos. Em primeiro lugar, implica vontade e ação política. Não basta a universalização do acesso às tecnologias. Essa é uma condição necessária, mas insuficiente. É preciso investir na democratização do uso, ou seja, na participação efetiva da população, de forma que tenha a capacidade não só de usar e manejar o novo meio, mas também de aprender, prover serviços, informações e conhecimentos, articular redes de produção que permitirão e potencializarão a emergência do novo, a proposição, a efervescência da diversidade. A busca dessa democratização "exige que os que se encontram nas margens do desenvolvimento político e econômico sejam dotados de uma voz com a qual possam articular os seus próprios interesses e oportunidades para estruturar o seu futuro" (LOADER, 1999, p. 83). Um canal para a manifestação dessa voz é possibilitado pelas TICs, ao gerar um "contexto no qual os cidadãos aprendem como se envolver no processo democrático e como articular as preocupações imediatas que afetam as suas vidas" (LOADER, 1999, p. 85).

Outra forma utilizada atualmente para tratar da questão da "inclusão digital" é a *cidadania eletrônica*. Fala-se em um *"netizen"*, um conceito que envolve ideias de liberdade, polivalência, globalidade, mas que entra em conflito com as práticas de vigilância remota, de registro das marcas deixadas pelo uso de cartões de crédito ou pela navegação na internet, o desenvolvimento e venda de perfis pessoais e a interligação entre uma grande quantidade de bases de dados, práticas que apontam para o desenvolvimento de uma sociedade baseada no controle, na vigilância e na classificação (RODOTÀ, 1999, p. 125).

Ao mesmo tempo em que essas práticas evidenciam-se e levam à necessidade de criação de instrumentos de salvaguarda dos direitos, presenciamos o desenvolvimento de uma democracia contínua, "em que os cidadãos podem exprimir as suas opiniões a qualquer altura e em qualquer lugar, tomando parte nas decisões políticas diariamente" (RODOTÀ, 1999, p. 138). Essa democracia contínua implica o debate de assuntos, a troca de opiniões, a procura de respostas, maior transparência das atividades públicas, a abertura de uma "janela eletrônica" (RODOTÀ, 1999, p. 137) no governo, de um novo espaço público de participação.

As condições para uma efetiva participação ativa dos sujeitos são possibilitadas pelas redes digitais. Hoje, é possível efetuar debates via internet, as videoconferências são cada vez mais usadas, os cidadãos podem emitir opiniões no processo de tomada de decisão, podem interagir entre si e com seus representantes no governo, ultrapassando as fronteiras de espaço-tempo. Na apropriação desses e outros espaços vão se estruturando "comunidades de conhecimento" (DIAS, 2001b). Comunidade como ambiente de partilha, de aprendizagem e produção colaborativa. Comunidade de conhecimento, porque, nesse ambiente virtual de partilha, as pessoas "refletem sobre a própria construção das aprendizagens e das representações, sobre o que elas são, sobre seus universos, suas realidades, seus cotidianos" (DIAS, 2002). Através da abertura de canais de comunicação e de espaços para publicação, retira-se o privilégio da posse do conhecimento, seja de quem for, uma vez que o conhecimento foi gerado dentro da comunidade.

À medida que as pessoas se comunicam e interagem, vão se organizando em torno de objetivos comuns e com isso dando forma a atividades organizacionais do grupo e criando uma "cultura de participação coletiva nas interações que suportam as atividades de aprendizagem de seus membros" (DIAS, 2001a, p. 27). Nesse processo, ampliam-se e ressignificam os horizontes de sentido desde o significado que cada sujeito atribui a si mesmo até o significado da própria cultura, de forma que a *aprendizagem* não é "conformação ao que existe nem pura construção a partir do nada" (MARQUES, 1995, p. 15). Ante os saberes articulados na cultura e as experiências do mundo da vida, *aprendizagem* é reconstrução,

> [...] é processo vital, autoformativo do gênero humano e do sujeito individuado pela cultura e singularizado pela auto-expressividade que assim se configuram historicamente em reciprocidades, na autonomia do pensar e nas corresponsabilidades da ação. [...] Ao se entrelaçarem os processos da socialização, da individuação e da singularização do sujeito, os homens aprendem uns dos outros, constituem-se em sujeitos sociais concretos da aprendizagem e adquirem, como pessoas, as competências que os tornam capazes de linguagem e ação para tomarem parte nos processos do entendimento compartilhado e neles afirmarem sua própria identidade. (MARQUES, 1995, p. 15-16)

Nessa perspectiva, *comunidade de conhecimento* tende a transformar-se em *organização aprendente*, com capacidade de auto-organização. *Organização aprendente* porque se apresenta como um "sistema flexível e gerador de conhecimento, que estimula a aprendizagem colaborativa entre seus membros e, neste sentido, a capacidade de aprendizagem da própria comunidade, na medida em que aprende a refletir sobre os processos de construção do conhecimento" (DIAS; RAMOS; FIGUEIRA, 2000, p. 361). Dessa forma, é capaz de adaptar-se e integrar-se criativamente a novas situações, ao mesmo tempo em que cria outras. Isso exige novos meios, recursos e competências das pessoas para lidarem com essas novas situações.

Para tanto, segundo Chaparro (2001, p. 26), há necessidade de aprender continuamente, para poder responder às transformações que se produzem em seu contexto. Contudo, não se trata meramente de responder de maneira adaptativa a essas transformações, mas sim desenvolver uma capacidade de gerar respostas criativas e transformadoras, que transcendam o imediato, e que permitam à organização recriar e construir o próprio ambiente físico e social. Para o autor, essa é a principal característica das *organizações aprendentes*.

Nas *comunidades de conhecimento* desenvolvem-se então ambientes colaborativos poderosos para a realização das aprendizagens e para a construção do conhecimento, uma vez que se constituem valendo-se de elementos diferentes, o que dá ao sistema, ao mesmo tempo, uma unidade e uma multiplicidade. De acordo com Morin (1998, p. 180), um sistema é, ao mesmo tempo, mais e menos do que a soma de suas partes. Menos, porque a organização provoca coações que inibem ou reprimem a potencialidade existente em cada parte; mais, porque faz surgir qualidades que não existiam nessa organização, qualidades *emergentes*, qualidades/propriedades novas, que podem ser constatadas empiricamente, sem ser dedutíveis logicamente, e que retroagem ao nível das partes e podem estimulá-las a exprimir sua potencialidade. Esse movimento é auto-organizativo porque é um processo ininterrupto, no qual, de algum modo, os produtos são necessários à produção daquilo que os produz, o que gera a reorganização permanente do próprio sistema, uma organização que brota de dentro, que se vai configurando no processo.

Pode ser resultante desse movimento certo sentimento de desorientação. No entanto, para Lévy (1999, p. 167), a interconexão em tempo real é também a condição de existência de soluções práticas para os problemas de orientação e de aprendizagem no universo do saber em fluxo. Pela característica hipertextual das redes, é possível interferir no conhecimento que outras pessoas e grupos construíram ou estão construindo, de forma que "a construção do conhecimento já não é mais produto unilateral de seres humanos isolados, mas de uma vasta cooperação cognitiva distribuída, da qual participam aprendentes humanos e sistemas cognitivos artificiais" (ASSMANN, 2000, p. 11). Ou seja, a "interconexão favorece os processos de inteligência coletiva nas comunidades virtuais, e graças a isso o indivíduo se encontra menos desfavorecido frente ao caos informacional" (LÉVY, 1999, p. 167).

O conceito de *inteligência coletiva* está intimamente relacionado com o de *comunidade de conhecimento*, uma vez que

> [...] em um coletivo inteligente, a comunidade assume como objetivo a negociação permanente da ordem estabelecida, de sua linguagem, do papel de cada um, o discernimento e a definição

de seus objetivos, a reinterpretação de sua memória. Nada é fixo, o que não significa que se trate de desordem ou de absoluto relativismo, pois os atos são coordenados e avaliados em tempo real, segundo um grande número de critérios constantemente reavaliados e contextualizados. (LÉVY, 1998, p. 31)

Para o autor, o saber está na humanidade, é o que as pessoas sabem, de forma que todos sabem alguma coisa, ninguém sabe tudo e não existe um reservatório de conhecimento transcendente. Os saberes oficialmente válidos representam ínfima minoria dos que estão ativos hoje. Por isso, o saber de cada um precisa ser reconhecido e valorizado em sua diversidade. A conexão em tempo real possibilita que acontecimentos, decisões, ações e pessoas estejam situados em mapas dinâmicos de um contexto comum e transformem continuamente o universo virtual em que adquirem sentidos. Essa valorização, utilização e criação de sinergia entre as competências, as imaginações e as energias intelectuais, qualquer que seja sua diversidade qualitativa e onde quer que essa se situe, passa pelas novas formas de comunicação e organização possibilitadas pelas *comunidades de conhecimento*.

A emergência e a vivência de movimentos e conceitos como *inclusão digital, cidadania eletrônica, comunidade de conhecimento, organização aprendente, auto-organização* e *inteligência coletiva* nos remete a pensar a sociedade contemporânea para além de uma *Sociedade da Informação*. Uma sociedade capaz de gerar conhecimento sobre seu contexto e utilizá-lo para conceber e construir outras perspectivas, ou seja, utilizá-lo no processo de reconstrução de suas instituições sociais, das relações que ali se estabelecem, tem no conhecimento e na aprendizagem, e não apenas na informação, um fator dinamizador das transformações sociais.

Chaparro (2001, p. 22) aponta como processo fundamental para caracterizar a sociedade contemporânea como uma *Sociedade do Conhecimento* a importância do *conhecimento* como fator de crescimento e, para tanto, a *educação* como o processo mais crítico para assegurar o desenvolvimento de sociedades dinâmicas, com capacidade de responder ao novo contexto e construir seu futuro, visto que hoje se necessitam processos educativos que desenvolvam as capacidades criativas, analíticas e de compreensão, tanto das pessoas quanto das instituições sociais. Nesse sentido, a escola, em particular, necessita configurar-se como uma *comunidade de conhecimento*, como uma "escola aprendente" (BONILLA, 2005).

Compreender a sociedade contemporânea como uma *Sociedade do Conhecimento* significa enfatizar e investir em seus aspectos e características sociais, e não apenas em seus aspectos econômicos. É tomar o conhecimento e a educação como valores, e não como mercadorias. É colocar a ênfase em seus aspectos qualitativos, ou seja, em questões relacionadas com as relações, a significação, os valores. É investir em processos de produção de cultura e conhecimento, e não na transmissão e assimilação. É considerar como base dos processos societários as diferenças/diversidades. É investir em políticas de formação, e não apenas de acesso.

Escola atual

A instituição social *escola*, em sua significação original, constituiu-se, segundo Marques (1995, p. 87), em "tempo liberado e espaço reservado, isento das injunções diretas e imediatas da vida cotidiana, bem como das instituições e organizações conduzidas por interesses e preocupações outras que as das aprendizagens formais e sistemáticas referidas ao homem por inteiro". No entanto, justamente por ser uma instituição social onde está presente um emaranhado de relações, constitui-se a escola hoje de "complexas redes de poder-saber que, por englobar tudo e a todos, impede, muitas vezes, olhares diferentes, afasta possibilidades de 'outros pensares', naturalizando regras, padrões, comportamentos, claramente localizáveis na construção histórica da nossa sociedade e suas instituições" (EIZIRIK; COMERLATO, 1996, p. 185).

São exemplos de padrões naturalizados pela escola os métodos e os programas calcados em lógicas lineares e a preocupação demasiada em possibilitar aos educandos o mero acesso a informações, descuidando-se de torná-las significantes, o que evidencia a procura por manter o modelo comunicacional de transmissão de informações.

Os referenciais da escola atual estão embasados na racionalidade que surgiu com a Escrita, a qual tem como base o princípio da formação científica, a existência de um conhecimento "verdadeiro" que deve ser transmitido ao aluno, sendo o professor o detentor e controlador dessa verdade. Assim como não conseguiu abranger a racionalidade própria da oralidade, uma racionalidade que acompanha o ser humano ao longo de toda a vida, em todas as sociedades, esse modelo de escola também não consegue abranger a complexidade do mundo atual e incorporar as novas formas de organização, pensamento e construção do conhecimento que estão emergindo com as TICs. Em vista disso, não consegue mais entrar em sintonia com os jovens-alunos que se encontram imersos nessa nova cultura, num mundo em que os videogames oferecem modelos interativos para serem explorados, simulam aventuras, universos imaginários.

A escola que temos não considera aspectos culturais, o diverso, a linguagem própria de particulares grupos de alunos. Presa a ritos e padrões, fechou-se para as transformações sociais que ocorrem no contexto onde está inserida, de forma que hoje se observa uma distância muito grande entre o mundo da escola e o mundo fora dela. Fora da escola, conceitos, valores, saberes, relações se estabelecem e começam a emergir a partir da presença das TICs, e "estão gestando uma nova razão que, em princípio, é incompatível com o atual sistema educacional que permanece fechado, linear, baseado em uma razão cartesiana, a qual vem sendo colocada em questão em todos os espaços fora da escola" (PRETTO, 1999, p. 105).

Para fazer frente a esses e a tantos outros problemas que se põem à educação hoje, governos e escolas vêm envidando esforços a fim de inserir as TICs nos contextos escolares, estando os professores à margem do processo. A maioria dos professores não conhece, não sabe como e com que finalidade utilizá-las na dinâmica que vem desenvolvendo há anos em sala de aula. Por isso, essa inserção vem se dando de forma quase que burocrática, apenas com o objetivo de modernizar a escola.

> Dessa maneira, o governo e as próprias escolas promovem uma verdadeira redução desses elementos, transformando-os em meros instrumentos de uma velha educação, completamente superada, uma educação que ainda não percebe que estamos formando crianças e jovens para atuarem, profissionalmente, em um novo tempo onde o próprio conceito de trabalho está em jogo. (PRETTO, 1999, p. 104)

A escola continua utilizando a lógica da transmissão de informações, só que agora de maneira mais eficiente e eficaz, já que apoiada nas tecnologias. Não há a percepção de que o conhecimento não é mais estático, encontra-se em metamorfose permanente. A quantidade de informações disponíveis cresce vertiginosamente, os bancos de dados são constantemente atualizados, e as informações perdem o caráter imutável, passando a ser perecíveis, transitórias, refletindo o estado atual de determinada situação.

Com isso, cabe à escola retrabalhar as informações, ressignificando-as à luz do contexto em que está inserida, dando abertura às múltiplas possibilidades de crítica, interpretação e compreensão, de estabelecimento de relações, de uso de diferentes linguagens, tecnologias e racionalidades que estruturam o cotidiano dos sujeitos que ali interagem. "Imersa em sua cultura-ambiente, a escola é, por ela, penetrada, não podendo, por isso, colocar-se à margem dos dinamismos socioculturais, sob pena de se condenar à inércia e à defasagem histórica" (MARQUES, 1999, p. 18-19).

Essa imersão, ou democratização da escola, é que possibilita a criação de espaços para a vivência da cidadania, da participação, de alternativas ao modelo globalizante, de ruptura dos "muros" que isolam a escola da comunidade. Visto a escola ser uma das instituições base da *Sociedade do Conhecimento*, necessita transformar-se numa *escola aprendente*, o que significa que não são apenas os alunos que têm o que aprender. Também os professores, a comunidade e a própria instituição necessitam estar em permanente processo de aprendizagem.

Escola aprendente

Hoje, as escolas estão estruturadas, com suas concepções, regras e rituais, para que os alunos aprendam, não para que os que trabalham com eles aprendam a fazê-lo melhor. No entanto, é impossível criar e manter a longo prazo condições para uma boa aprendizagem dos alunos quando elas não existem para os professores (BOLÍVAR, 2001).

A contemporaneidade está a exigir que a escola proponha dinâmicas pedagógicas que não se limitem à transmissão ou disponibilização de informações, inserindo nessas dinâmicas as TICs, de forma a reestruturar a organização curricular fechada e as perspectivas conteudistas que vêm caracterizando-a. A escola necessita ser um ambiente no qual a vasta gama de informações a que os alunos têm acesso seja discutida, analisada e gere outros conhecimentos, no qual as tecnologias sejam inseridas como elementos estruturantes de novas práticas, práticas que comportem uma organização curricular aberta, flexível.

Para tanto, a escola, além de inserir as tecnologias no seu contexto, necessita aprofundar a *visão* que tem sobre essas, sobre o próprio papel como agente educativo articulado em rede, questionar os significados instituídos e as situações novas com que se defronta, procurando respostas e modos de ação próprios, construídos coletiva e cooperativamente. Enfim, a escola necessita estar mais atenta à realidade social, aberta a novas possibilidades e aprendizagens, à partilha de saberes e a reciprocidades, procurando dessa forma não se submeter à cultura e ao conhecimento dominante (STOER; CORTESÃO; CORREIA, 2001, p. 341).

Também é fundamental que as características próprias de cada indivíduo e/ou grupo possam ser socializadas dentro e fora da escola. Para tanto, as TICs têm papel fundamental, ao possibilitar que as particularidades de cada contexto emerjam e façam parte do coletivo maior. Com as redes, aqueles que têm acesso podem se comunicar de qualquer lugar para qualquer lugar, participando de um processo que é global e ao mesmo tempo local, já que essas tecnologias são portadoras da possibilidade de valorização de culturas locais, de processos identitários que são gerados pelos (e geram os) lugares específicos. São as culturas diversas, com seus significados e processos próprios, que se fortificam e dinamizam quando são socializadas.

O desafio posto às escolas hoje é, portanto, o de transformar esse conjunto de concepções, essas novas formas de conhecimento, esses novos estilos de saber que emergem de uma ecologia cognitiva em formação, numa prática cotidiana de escola, de forma que a escola possa inserir-se nesse novo mundo, nessa nova cultura, nesse novo logos. O que se busca é uma dinâmica educacional que insira efetivamente professores e alunos no processo pedagógico, considerando-os como atores/autores desse processo. *Atores* na qualidade de sujeitos que comunicam, executam e partilham ações, percebem e interpretam o mundo, a linguagem e os atos próprios de seu contexto, compartilhando uma compreensão comum de suas trocas, o que permite a apreensão da significação dos acontecimentos. *Autores* como sujeitos construtores, produtores e transformadores de seus mundos, das regras que os engendram e governam seu julgamento.

Tal processo deve estar aberto à ressignificação, à socialização, aproveitar as possibilidades e potencialidades oferecidas pelas tecnologias, permitir-se desestruturar pelas mudanças provocadas por elas e fazer disso um ato de criação, que permita um efetivo inserir-se da escola no mundo dos alunos. Essa dinâmica só será viável se for possível provocar em cada comunidade escolar, principalmente nos professores, uma ruptura com as concepções instituídas há décadas, de modo a abrir campos de possibilidades para outras significações, para a estruturação de novas territorialidades, para a constituição de redes na escola, redes que potenciam a colaboração entre professores e alunos, a produção de informação, conhecimento e cultura, a troca de experiências e ideias, os processos de aprendizagem, tanto dos alunos quanto dos professores e da própria instituição. Ou seja, evidenciam a possibilidade de constituição de uma *escola aprendente*, uma vez que esta não se constitui a partir da soma cumulativa das aprendizagens individuais, e sim com base nas aprendizagens e relações que se configuram em/nas densas redes de colaboração entre todos os membros da instituição (BOLÍVAR, 2001).

É a partir de projetos de trabalho integrados, compartilhados e vivenciados por todos que se criam condições para a problematização das concepções de educação que perpassam a comunidade escolar, para o levantamento das carências de material e de formação e para o desenvolvimento de ações no sentido de suprir as necessidades, para a proposição de dinâmicas criativas e transformadoras, para a transformação da cultura escolar.

Dessa forma, uma *escola aprendente* é aquela que tem competência nova, que a capacita para, aprendendo colegiadamente das experiências passada e presente, processar as informações, reconfigurar ações e resolver seus problemas de modo criativo e transformador, não meramente de modo cumulativo ou reprodutivo, e promover o desenvolvimento profissional de modo coletivo. "A escola, como comunidade crítica de aprendizagem, é um projeto conjunto de ação, em um ambiente de deliberação prática e colaboração, o que não exclui o dissenso e o conflito" (BOLÍVAR, 2001).

Portanto, constituir redes nas escolas é de fundamental importância, visto que são essas que, além de mexer com as estruturas internas, podem colocar cada escola numa rede mais alargada, ou seja, podem fazer da escola um ponto significativo numa rede social mais ampla, de modo que a diversidade própria de cada contexto educativo seja fortalecida. Colocar essa diversidade em contato é fundamental para a educação, seja dos alunos, seja dos professores, já que "caso não assumamos, por dentro e por fora, que as escolas precisam reconfigurar-se, nem sua aprendizagem, nem a dos professores, nem a dos alunos poderá ocorrer (ESCUDERO *apud* BOLÍVAR, 2001).

Amarrando alguns nós

A construção de outros espaços de conhecimento, de outras territorialidades, é o grande desafio posto pela contemporaneidade aos sistemas educacionais. O novo contexto sociocultural, científico e econômico vem colocando em questionamento as relações e as formas de organização e produção do conhecimento escolar, uma vez que a escola permaneceu à margem desse movimento de transformação. Faz parte desse questionamento, ao mesmo tempo em que tenta responder a ele, o grande movimento de inserção das TICs nos contextos escolares, ocorrido a partir da última década do século XX. Esse movimento é desencadeado pelo desejo de alguns em atualizar e modernizar a escola, o que tem sido o desencadeador de muitas das ações desenvolvidas no âmbito das políticas públicas que buscam integrar os países no contexto da Sociedade da Informação.

Nessa perspectiva, as TICs são incorporadas aos processos pedagógicos, na maioria dos casos, como instrumentos auxiliares, o que significa considerá-las como mais um recurso didático-pedagógico, ganhando importância, apenas, a capacitação operativa dos profissionais da educação. Essa redução esvazia as TICs de suas características fundamentais, e a *educação continua como está*, só que com novos e avançados recursos tecnológicos (PRETTO, 1996, p. 112-115).

Apesar dessa perspectiva ser bastante forte, a dinâmica social contemporânea, ao mesmo tempo em que vem explicitando outras formas de incorporação das TICs nos mais diversos contextos sociais, vem "solicitando" que os sistemas educacionais extrapolem essa dimensão utilitarista e as incorporem como estruturantes de novos territórios educativos. Tomar as TICs como estruturantes é considerá-las como elemento carregado de conteúdo, como representante de novas formas de pensar, sentir e agir, o que desloca o seu uso de uma racionalidade operativa para uma racionalidade complexa, aberta, polifônica.

Nessa perspectiva, as TICs potencializam a constituição de redes que conectam ideias, experiências, sujeitos, instituições, as quais, organizadas tendo em vista relações horizontais, desencadeiam fluxos de interações, organizações, proposições, produções, conhecimentos, aprendizagens. No movimento, emerge o novo, a diversidade se expressa, abrem-se possibilidades, criam-se condições para o desenvolvimento de uma *Sociedade do Conhecimento*, uma sociedade capaz de gerar conhecimento sobre o contexto e utilizá-lo para conceber e construir outras perspectivas.

Essas novas perspectivas surgem a partir da articulação política para a configuração de redes de cooperação, o que já vem acontecendo no interior das comunidades, bem como entre elas, a fim de propor alternativas aos modelos instituídos, hegemônicos. São essas alternativas que se constituem em novos territórios sociais onde afloram singularidades, cruzam-se caminhos, desenvolvem-se projetos e ações de acordo com os interesses e os desejos dos sujeitos sociais.

A escola, por também ser uma comunidade social, não está descolada desses processos. A escola está inserida, é parte da dinâmica social mais ampla, uma vez que é no interior do contexto escolar que crianças, jovens, professores, funcionários, cada um oriundo de um contexto social e cultural específico, convivem, relacionam-se, aprendem, realizam (ou não) desejos, expectativas e interesses, projetam futuros e ações que vão desencadear (ou não) em seu contexto social. Por ter forte participação na formação dos sujeitos, está umbilicalmente ligada ao contexto externo. Portanto, assim como as demais comunidades sociais, pode a escola, a partir de seu interior, desencadear articulações e romper com as amarras que a prendem à ordem, à linearidade, ao programa.

No entanto, a chave para a transformação não se encontra apenas na figura do professor. O professor, sozinho, não consegue vencer as barreiras postas pelo instituído. Somente articulados em grupo é que eles têm conseguido uma série de conquistas. Portanto, mais fluídas e dinâmicas serão as transformações, quanto mais essas articulações extrapolarem os muros da sala de aula e da escola e envolverem a comunidade mais ampla, os sistemas educacionais e as políticas públicas. Desenvolve-se assim, com maior velocidade e energia, uma nova cultura escolar, que envolve, em constante devir, a reconfiguração das estruturas e dos processos organizacionais da instituição, a redefinição dos papéis dos professores e dos alunos, das concepções de educação, ensino e aprendizagem, da relação entre os contextos interno e externo à escola, das interações que suportam as aprendizagens de todos os membros da instituição.

Dessa forma, constitui-se a escola numa comunidade aberta, em fluxo, na qual o conhecimento é socialmente construído e partilhado, o poder é distribuído, as atividades de aprendizagem são flexíveis e partilhadas, os membros são autônomos, a interação e a colaboração são intensas e os interesses e objetivos são comuns. Constitui-se uma *escola aprendente*, integrada no contexto contemporâneo, desempenhando sua função de aprender e responder criativamente às demandas de um contexto incerto, turbulento, instável, sem esperar por reformas e decisões verticais (BOLÍVAR, 2001).

Referências

ASSMANN, Hugo. A metamorfose do aprender na sociedade da informação. *Ciência da Informação*, Brasília, v. 29, n. 2, p. 7-15, maio/ago. 2000.

BOLÍVAR, Antonio. Los centros educativos como organizaciones que aprenden: una mirada crítica. *Contexto Educativo - Revista Digital de Educación y Nuevas Tecnologias*, Año III, n. 18, 2001. Disponível em: <http://contexto-educativo.com.ar/2001/4/nota-04.htm>. Acesso em: 26 set. 2002.

BONETI, Lindomar Wessler. Educação inclusiva ou acesso à educação? In: 28ª Reunião Anual da Anped - 40 anos de Pós-Graduação em Educação no Brasil: produção de conhecimentos, poderes e práticas. Caxambu: Anped, 2005. Anais... Disponível em: <http://www.anped.org.br/28/textos/gt11/gt11153int.rtf>. Acesso em: 20 ago. 2006.

BONILLA, Maria Helena. *Escola aprendente: para além da sociedade da informção*. Rio de Janeiro: Quartet, 2005.

CASTELLS, Manuel. *A era da informação: economia, sociedade e cultura – A sociedade em rede*. 1º v. São Paulo: Paz e Terra, 1999. 620 p.

CHAPARRO, Fernando. Conocimiento, aprendizaje y capital social como motor de desarrollo. *Ciência da Informação*, Brasília, v. 30, n. 1, p. 19-31, jan./abr. 2001.

DIAS, Paulo. Comunidades de aprendizagem na web. *Inovação*, Lisboa, v. 14, n. 3, p. 27-44, 2001a.

DIAS, Paulo. *Programa de acção do Centro de Competência Nónio Século XXI da Universidade do Minho para a segunda fase do Programa Nónio*. Braga, 2001b.

DIAS, Paulo. *Programa Nónio Sec. XXI*. Entrevistadora: Maria Helena Silveira Bonilla. Braga, 21 maio 2002. 2 fitas cassete (120min). Entrevista concedida no âmbito da pesquisa desenvolvida durante o Doutorado Sanduíche da entrevistadora, em Portugal.

DIAS, Paulo; RAMOS, José Luís; FIGUEIRA, Eduardo. HIFLEX: um projeto de flexibilização das aprendizagens na Web. *Revista galego-portuguesa de psicoloxía e educación*. V Congreso galego-português de psicopedagoxía. Actas (comunicacións e posters), La Coruña; Braga, v. 6, n. 4, p. 360-371, ano 4º, 2000.

DICIONÁRIO Aurélio Eletrônico Século XXI. Versão 3.0. Ed. Nova Fronteira e Lexikon Informática, 1999. CD-ROM.

EIZIRIK, Marisa Faermann; COMERLATO, Denise. A escola (in)visível: notas para professores. In: SILVA, Luiz Heron da; AZEVEDO, José Clóvis de; *et al*. *Novos mapas culturais, novas perspectivas educacionais*. Porto Alegre: Sulina, 1996. p. 185-195.

KURZ, Robert. A ignorância na sociedade do conhecimento. *Folha de S. Paulo*, São Paulo, 13 jan. 2002, Caderno Mais! Disponível em: <http://www.elsonrezende.hpg.ig.com.br/socialpol/ignora.htm>. Acesso em: 5 ago. 2002.

LAZARTE, Leonardo. Ecologia cognitiva na sociedade da informação. *Ciência da Informação*, Brasília, v. 29, n. 2, p. 43-51, maio/ago. 2000.

LÉVY, Pierre. *A inteligência coletiva: por uma antropologia do ciberespaço.* São Paulo: Loyola, 1998. 212 p.

LÉVY, Pierre. *Cibercultura.* São Paulo: Ed. 34, 1999. 264 p.

LINS, Daniel Soares et al. *Cultura e subjetividade. Saberes nômades.* Campinas: Papirus, 1997.

LOADER, Brian D. Reflexões sobre a democracia civil na era da informação: um estudo de caso do nordeste de Inglaterra. In: *Debates. Presidência da República. Os cidadãos e a sociedade da informação.* Lisboa: Imprensa Nacional - Casa da Moeda, 1999. p. 83-106.

LYON, David. *A sociedade da informação: questões e ilusões.* Oeiras: Celta Editora, 1992. 209 p.

LYOTARD, Jean-François. *A condição pós-moderna.* 5. ed. Rio de Janeiro: José Olympio, 1998. 132 p.

MARQUES, Mario Osorio. *A aprendizagem na mediação social do aprendido e da docência.* Ijuí: Ed. Unijuí, 1995. 139 p.

MARQUES, Mario Osorio. *A escola no computador: linguagens rearticuladas, educação outra.* Ijuí: Ed. Unijuí, 1999. 216 p. (Coleção Fronteiras da Educação Ijuí)

MORIN, Edgar. *Ciência com consciência.* 2. ed. Rio de Janeiro: Bertrand Brasil, 1998. 350 p.

PRETTO, Nelson De Luca. *Uma escola com/sem futuro.* Campinas: Papirus, 1996. 248 p. (Coleção Magistério: formação e trabalho pedagógico).

PRETTO, Nelson De Luca. Estudo errado: educação em tempos de pós-modernidade. In: PRETTO, Nelson De Luca (Org.). *Globalização & Educação: mercado de trabalho, tecnologias de comunicação, educação a distância e sociedade planetária.* Ijuí: Ed. Unijuí, 1999. p. 98-114.

PRETTO, Nelson De Luca; SERPA, Luis Felippe Perret. A educação e a sociedade da informação. In: DIAS, Paulo; FREITAS, Candido Varela de. *Challenges 2001.* Actas da II Conferência Internacional de Tecnologias da Informação e Comunicação na Educação. Braga: Centro de Competência Nónio Século XXI da Universidade do Minho, 2001, p. 21-41.

RODOTÀ, Stefano. Para uma cidadania eletrónica: a democracia e as novas tecnologias da comunicação. In: *Debates. Presidência da República. Os cidadãos e a sociedade da informação.* Lisboa: Imprensa Nacional – Casa da Moeda, 1999. p. 121-142.

SANTOS, Milton. *Por uma outra globalização: do pensamento único à consciência universal.* 3. ed. Rio de Janeiro, São Paulo: Record, 2000. 176 p.

SILVEIRA, Sérgio Amadeu da; CASSINO, João (Org.). *Software livre e inclusão digital.* São Paulo : Conrad do Brasil, 2003.

STOER, Stephen R.; CORTESÃO, Luiz; CORREIA, José A. (Org.). *Transnacionalização da educação: da crise da educação à "educação" da crise.* Porto: Afrontamento, 2001. 342 p.

TRIVINHO, Eugênio Rondini. Redes, ciberespaço e sociedades. In: MARCONDES FILHO, Ciro; TRIVINHO, Eugênio Rondini; et al. *Vivências eletrônicas: sonhadores e excluídos.* São Paulo: Edições NTC, 1998. p. 23-46.

WEBSTER, Frank. *Theories of the Information Society.* London and New York: Routledge, 1999. 257 p.

Professores e internet:
desafios e conflitos no cotidiano da sala de aula

Rosane de Albuquerque dos Santos Abreu

É fala corrente entre os profissionais da educação que o cotidiano da sala de aula vem sofrendo profundas transformações. Os alunos são mais inquietos, desatentos, menos motivados, enquanto os professores sentem que o modelo de aula costumeiramente usado já não funciona e exige reformulações. Entre os vários fatores causadores de tais transformações, um tem chamado a minha atenção. Trata-se dos impactos na educação (e mais especificamente no cotidiano da sala de aula) que a difusão social da internet vem gerando.

Desde 1995, quando a internet se tornou comercial, a sua penetração nas áreas mais diferentes da atividade humana vem provocando profundas mudanças. A economia passou a funcionar especialmente no terreno do virtual, os processos de trabalho sofreram alterações importantes, as novas formas de comunicação impulsionaram outras maneiras de relacionamento humano, as manifestações culturais encontraram um terreno fértil não somente para sua divulgação, mas também para o próprio processo de criação, etc.

- Na educação, a comercialização da internet trouxe vários impactos. Um deles, imediato, diz respeito à absorção da rede mundial de computadores para fins educacionais. O desenvolvimento de plataformas para educação a distância, a criação de sites educacionais, o uso didático de diferentes recursos (e-mails, grupos de discussão, blogs), entre outros, são algumas formas de aplicação da internet na educação. Trabalhos como os de Cruz (1999), Lucena e Fuks (2000), Komesu (2005), entre muitos outros, analisam e discutem a aplicabilidade da internet aos processos pedagógicos.

Outro impacto, não tão imediato, mas que vem provocando em mim curiosidade, diz respeito aos efeitos no cotidiano pedagógico das novas formas de pensar, sentir e agir das pessoas (alunos e profissionais da educação), construídas com base em suas experiências no ambiente virtual da internet. Um exemplo é a nova linguagem dos ambientes *on-line*, caracteristicamente oralizada, que penetra na sala de aula presencial e tem sido alvo de intensas discussões, como podemos ver nos trabalhos de Zaremba (2001), Costa (2005), Paiva (2005), entre outros.

Estudar os impactos que a internet gerou na educação é, portanto, um caminho complexo e multifacetado. Os estudos da área da Informática Educativa têm contribuído para analisar e divulgar a aplicabilidade da rede mundial de computadores para fins pedagógicos. Na produção brasileira, temos nos trabalhos de Ramal (2002), Pellanda, Schlünzen e Junior (2005), Araújo e Biasi-Rodrigues (2005), contribuições significativas. Já as mudanças no comportamento das pessoas estão sendo estudadas pela Sociologia, pela Filosofia e pela Psicologia. Na literatura brasileira, entre vários, podemos destacar os estudos de Nicolaci-da-Costa (1998, 2002a, 2002b e 2003) na área da Psicologia, e os de Almeida e Eugênio (2006), na Sociologia.

O trabalho que ora apresento não pretende analisar a aplicação da internet na educação. Pretende, sim, trazer a percepção de alguns professores, usuários pessoais e profissionais da internet, a respeito das transformações que essa tecnologia está gerando no próprio modo de agir, pensar e sentir, assim como no de seus alunos. Discute, portanto, alguns conflitos e desafios que esses professores enfrentam em seu cotidiano, não somente para usar a internet como recurso pedagógico, mas também para lidar com os novos comportamentos (os próprios e os de seus alunos) gerados pelas experiências no espaço virtual. A seguir, apresento os resultados de uma pesquisa realizada com 20 professores do ensino fundamental e médio de escolas particulares do Rio de Janeiro, que usam pessoalmente a rede mundial de computadores, assim como a utilizam como recurso didático.

A pesquisa

Sujeitos

Vinte professores (12 mulheres e 8 homens) que lecionam diferentes matérias (com exceção de Informática) na 8ª série do ensino fundamental e no ensino médio, em escolas particulares do Rio de Janeiro, foram os sujeitos dessa pesquisa. Eram professores com idade média de 41 anos e experiência profissional em média de 18 anos. Todos eram usuários de computador havia mais de 8 anos e tinham experiência com internet havia, no mínimo, 5 anos.

Coleta e análise de dados

Como instrumento de coleta de dados, foi usada a entrevista individual. Composta de perguntas fechadas e abertas, baseadas em um roteiro previamente elaborado (Nicolaci-da-Costa, 1994 e no prelo), a entrevista assemelhava-se a um bate-papo. Com o consentimento dos sujeitos, as entrevistas foram gravadas e depois integralmente transcritas. Os encontros para a entrevista ocorreram em lugar e horário determinados pelos entrevistados.

No roteiro estavam os pontos básicos, organizados em forma de itens, os quais deveriam ser abordados e aprofundados, quando necessário. O roteiro estava organizado em três blocos: 1 - identificação do sujeito (idade, formação, disciplina e séries que leciona, tempo de magistério e local de trabalho); 2 - caracterização do sujeito como usuário de internet (motivos para a conexão, tempo e frequência de acesso, formas de uso e opiniões sobre a internet); 3 - visão e sentimentos dos entrevistados sobre o uso da internet na educação (vantagens e desvantagens, efeitos na sala de aula, aplicação ao processo pedagógico; transformações percebidas).

As técnicas de análise do discurso propostas por Nicolaci-da-Costa (1994 e no prelo) foram usadas para examinar os dados coletados. Uma leitura cuidadosa das transcrições das entrevistas foi efetuada. Em seguida, as falas dos entrevistados foram agrupadas segundo os tópicos do roteiro. As respostas dadas pelos participantes aos diferentes itens do roteiro foram comparadas (análise interparticipantes) e foram identificados os pontos recorrentes em suas falas, os quais foram considerados categorias de análise para leituras subsequentes. Posteriormente, foi feita a leitura e a análise do discurso de cada sujeito (análise intraparticipantes) para identificar possíveis contradições e conflitos individuais. Desse procedimento, resultaram outras categorias que se juntaram àquelas anteriormente mencionadas.

Os resultados

Serão apresentados, a seguir, alguns, acredito que os principais, conflitos e desafios observados pelos professores no seu cotidiano, provocados pelo uso da internet. Revelando os conflitos e os desafios, os professores falam de seus sentimentos, de suas preocupações, de seus mal-estares e incômodos, assim como de seus deslumbramentos e satisfações. Vejamos o que dizem.

Fluxo e excesso de informação:
da superficialidade ao aprofundamento

A análise dos depoimentos revelou que os entrevistados estão confusos e preocupados com a nova realidade instaurada pela internet, ou seja, aquela do excesso de dados provenientes do intenso fluxo das informações que circulam pela rede.

Aloísio Santos comenta:

> Essa quantidade, essa facilidade enorme de informação, faz com que você entre em um registro, uma velocidade que não te permite nenhum tipo de introspecção sobre aquilo que você está lendo, nenhum tipo de relação. [...] É uma coisa muito superficial, a quantidade de informação, a tela mesmo está se atualizando a cada 5 minutos. O jornal, pelo menos, é de um dia para o outro, mas naqueles portais a informação muda de 2 em 2 minutos. [...] Não há uma tendência a você se aprofundar, até porque é uma quantidade tão grande, um fluxo tão grande e permanente de informações que não dá pra fixar nada, você entra nesse fluxo, permanece nesse fluxo.

Como decorrência desse estado de coisas, as informações tendem a ficar superficiais. Não há tempo para um aprofundamento, para se digerir a quantidade de dados, nem para a fixação desses dados. Ivone Machado pondera que "o cérebro da gente é fantástico, mas ele precisa de um tempo para que as coisas aconteçam".

Alguns sentimentos foram revelados pelos depoimentos relativos a essa nova realidade de fluxos e excesso de informações. Vários entrevistados falaram do seu incômodo ante a superficialidade das informações e ressaltaram certo mal-estar diante do excesso de dados. Sônia Cavalcante, por exemplo, explicita a sua angústia ao se deparar com a quantidade de informações à sua disposição e a necessidade de estar o tempo todo fazendo escolhas.

> Hoje em dia você acaba se tomando, assim, por uma grande angústia. Você sabe que muita coisa está à sua disposição e você não vai ter tempo, nem chance de checar aquilo tudo ali. Você vai passar os olhos e aí, por sorte ou porque o olho está cada vez mais afiado, você vai selecionar essa ou aquela informação e vai ser essa que você vai usar no seu trabalho. Dá uma angústia enorme porque você sabe que está escolhendo em um universo cada vez maior de informações.

Ivete de Souza, por sua vez, fala da angústia de perceber que é humanamente impossível dominar um mundo de informações e que a única saída é tratar de forma superficial os dados que chegam.

> Você abre uma página, um portal, e você tem flashes de informação. E a pessoa, tão angustiada por ter que dominar tudo, que é humanamente impossível, fica pegando só flashes. São noticiários, não tem a leitura mais aprofundada.

Tal estado de angústia, a que se referem Sônia e Ivete, parece ser mais próprio dos adultos, visto que esses estão tendo que fazer adaptações, rever concepções e aprender estratégias para lidar com essa nova realidade. Especialmente os professores, que estavam acostumados a ser a fonte privilegiada de informação e conhecimento para seus alunos, ressentem-se por não poderem manter-se atualizados o suficiente. Já com os alunos tudo parece ser diferente. Estes estão construindo as próprias estratégias para dar conta desse estado de coisas. Ivone Machado constata:

> A rapidez como eles [os alunos] mudam as páginas, não deu tempo pra ler ou analisar isso aí. Daí eles dizem, ah isso não interessa. Eles até têm uns critérios deles de análise, mas tudo é muito superficial, é tudo superficial. E essa superficialidade! [...] Ele recebe uma série de informações e não processa. Então ela entra, ela fica fútil, ela não tem critério.

Apesar de alguns reconhecerem que os alunos lidam de forma diferente, talvez mais confortavelmente, com o fluxo e com o excesso de informações, os entrevistados sentem-se preocupados com os efeitos desses fenômenos informacionais. Para muitos, a superficialidade da informação está impedindo que os alunos se tornem mais críticos, mais cuidadosos e que processem os dados de forma mais aprofundada, refletida. Sueli Gomes explicita sua preocupação:

> Preocupa que o aluno é muito passivo. Ele obtém a informação, mas depois ele não quer escrever e pensar sobre aquilo. Ele só quer passar de um *site* para outro e entra nisso e naquilo. Eu vejo eles [alunos] fazerem esse movimento nos *sites* de exercício. Eles mal acabam um e já vão para o outro. Eles ficam assim passeando, fazendo *browsing* e não se detêm. A minha preocupação é que isso vá deixá-los mais superficiais [...], sem aquele momento de reflexão.

O depoimento deixa claro o confronto entre ter informação e elaborar o conhecimento, o qual traz significativas consequências para a prática docente. Os próprios entrevistados ressaltam que obter informação não significa, necessariamente, construir conhecimento. Para tanto, segundo a maioria, há a necessidade da intervenção dos professores para ajudar os alunos no processamento dessa informação. Isso, porém, não está sendo nada fácil, como declara Márcia Vilella.

> Eu acho que hoje em dia, até pra nós adultos, está difícil pra gente digerir a quantidade de dados que nos são dados em nosso dia a dia. [...] Eu acho que isso está ficando difícil pra todos, especialmente pra essa garotada. A gente que é mais velho, ainda consegue filtrar um pouco. Acho que eles estão sendo muito bombardeados. A sensação que dá, que deve ser pra eles como que aquela luz estroboscópica que está sempre piscando na frente deles e é até difícil para eles pararem, porque é tudo tão rápido, tão massificante que eu acho que está sendo difícil pra todos, especialmente pra geração mais nova. Eles [alunos] não estão aparelhados para poderem separar: isso aqui eu quero, isso aqui eu não quero.

Novas questões pedagógicas surgem, então, trazendo para os professores novos desafios. Como disse acima, está sendo necessário que os professores ajudem os alunos no processo de busca e seleção da informação, especialmente quando isso se dá através da internet.

O RECURSO DO COPIAR/COLAR: UMA POLÊMICA NAS PESQUISAS ESCOLARES

Um dos problemas identificados por todos os entrevistados diz respeito à maneira como os alunos estão usando em seus trabalhos escolares as informações coletadas na rede. A maioria apresenta como produto da pesquisa "um monte de papel onde ele copiou e colou as informações que encontrou na rede sobre aquele assunto", diz Sueli Gomes. São páginas e páginas sem qualquer elaboração. Na maior parte das vezes, nem sequer leem o que coletam. A prática do copiar-colar, na visão de vários entrevistados, é polêmica e provoca intensas discussões.

Todos os sujeitos entrevistados relataram extrema preocupação com *a prática do copiar-colar*. A reflexão que fazem a respeito dessa prática, porém, demonstra, de forma ampla, duas visões. Uma visão é mais cuidadosa, reflexiva, entendendo o uso desses recursos como fazendo parte da inovação tecnológica e exigindo do professor uma nova atuação, assim como nova leitura dos comportamentos dos alunos. Já a outra visão tende a problematizar a prática do copiar-colar ressaltando as consequências negativas de seu uso pelos alunos, além de culpabilizá-los. É interessante notar que o grupo de entrevistados está dividido quase que igualmente entre essas duas visões.

Como exemplo da primeira visão, está o depoimento de Sonia Cavalcante:

> Quando eu peço uma pesquisa para os meus alunos, são *sites* e *sites* impressos que eles me trazem. É ainda a incapacidade deles

de separar o que é bom e o que é ruim [...]. Isso está sendo assim um caos para os professores. Eu acredito que não sou só eu que estou passando por isso. A gente recebe montanhas de papel, os alunos não selecionam aquilo, eles ficam com medo de selecionar porque eles não sabem o que a professora quer. Então eles botam tudo porque se tiver tudo ela vai gostar do meu trabalho. E, na verdade, não é nada disso porque tudo é nada. Não teve nenhuma seleção, não teve organização, não teve escolha porque cada vez fica mais difícil você escolher, cada vez você tem que estar mais atenta ao seu objetivo porque senão você se perde nessa navegação. [...] Eu mesma me coloco no lugar deles. Eu vejo que você, ah, de repente posso precisar disso também, então você acaba crivando um monte de coisas e perde o cerne.

Sonia, como outros professores, usa os próprios sentimentos e sensações de usuária da rede como referência para entender o que está acontecendo com os alunos. Assume posição mais colaborativa e demonstra cuidado com suas análises.

Em contrapartida, o outro grupo parece imprimir um movimento diferente. Os professores aparentemente se colocam como expectadores, promovendo julgamentos, muitas vezes preconcebidos, a respeito do que está acontecendo com os alunos. No que concerne a esse aspecto (da cópia-cola), parece que eles estão isentos, protegidos, das transformações geradas pela internet. Os alunos, segundo a visão desse grupo, farão parte de uma nova geração, cuja formação estará bastante comprometida. Vejamos o depoimento de um integrante desse grupo.

> Eu acho que ficou mais fácil a fraude. No passado eles, pelo menos, tinham que digitar realmente na pesquisa. Hoje, simplesmente é control C, control V, recorte e cole, sem nenhuma cerimônia. Às vezes põem o endereço e baixam a página sem nenhuma indicação e aí cabe ao professor criar instrumentos que obriguem. Eu tenho um, por exemplo, eu peço uma pesquisa na internet, ele me traz, eu leio e devolvo pra ele com uma série de questões sobre aquilo que ele, a princípio, pesquisou. Então, para responder às questões, ele vai ter que ler. Tenta me enrolar!
> (Aloísio Santos)

Os integrantes desse último grupo analisam o novo comportamento como um problema ou desvio. Sua tarefa, então, deverá ser aquela de inibir o comportamento dos alunos, "obrigando-os" a responderem segundo modelos conhecidos.

Apesar de formas diferentes para lidar com os novos processos advindos do uso da internet, ambos os grupos entendem que é preciso que o professor atue para ajudar o aluno a fazer pesquisa, a selecionar os dados coletados na internet, com vistas à elaboração de conhecimentos. Essa atuação, porém, está recheada de conflitos, pois os entrevistados percebem que precisam romper com determinada visão de conhecimento, aquela na qual a maioria foi constituída, a de que o conhecimento é algo a ser transmitido aos alunos.

Algo novo, porém, parece estar acontecendo. As novas práticas digitais e informacionais (a exemplo do excesso e do fluxo de informações) estão, cada vez mais, levando os entrevistados a se defrontarem com as duas concepções epistemológicas presentes na prática pedagógica. Uma delas é aquela mais tradicional, aquela que tem conformado os processos pedagógicos vigentes, ou seja, a de que o conhecimento é algo a ser transmitido ao aluno. E a outra, aquela que entende o conhecimento como algo a ser construído pelo aluno.

A DIVERSIDADE DE FONTES DE INFORMAÇÃO:
A PROBLEMÁTICA DA CONFIABILIDADE

Nos depoimentos, vários sujeitos destacam que todo o excesso e o dinamismo das informações têm possibilitado a eles próprios, e especialmente a seus alunos, um contato com uma diversidade de fontes que apresentam visões variadas a respeito de um mesmo assunto. Como diz Sueli Gomes, "hoje em dia, é impossível você ter uma visão unilateral". Isso traz uma dimensão bastante nova para os processos pedagógicos, como identifica Alice Duarte: "Não tem mais só a opinião dos professores ou do livro dele ali do lado". Se por um lado, de forma explícita, alguns sujeitos consideram como positiva a variedade de fontes, por outro, fica subentendido no discurso de alguns o quanto tudo isso está exigindo novas posturas e novos investimentos, os quais não estão sendo fáceis de assumir.

Uma das questões apontadas pelos entrevistados diz respeito à prática discente de atribuição de verdade ao conteúdo encontrado na rede. "Não é porque [uma informação] está na internet que é verdade", diz Cristina Moraes. Esse comportamento dos alunos parece preocupar vários dos entrevistados. Alguns depoimentos deixam vir à tona o incômodo com o crédito excessivo conferido pelos alunos aos conteúdos veiculados na rede, às vezes maior do que o crédito que dão aos ensinamentos dos próprios professores, como revela Ivete de Souza:

> Eles [alunos] recebem aquilo como verdadeiro. Eu uso um *site* de pesquisa que tem uma tabela periódica. [...] Eu faço um trabalho

> de pesquisa em cima dessa tabela e eu dou o roteiro [...]. O que eu vejo é o seguinte, como [o *site*] contém alguns erros, alguns pontos ficam diferentes do trabalho que eu entrego. Um cuidado que eu tenho na hora de escrever o meu material é de comparar o que está escrito na página com várias literaturas. E aí eles dizem: Ivete, você errou, então quem errou foi o professor, não foi a internet. Então eles têm a internet como um Deus.

O depoimento deixa subentendido o desconforto de alguns entrevistados ao perceberem que a máquina está sendo endeusada pelos alunos e que, de alguma forma, está tomando o seu lugar de provedor confiável de informações e conhecimentos. Ivone Machado reclama que, para os alunos, "tudo o que está escrito [na internet] é lei".

Ocorre, porém, que as informações e os conhecimentos veiculados na rede necessitam ser dimensionados e contextualizados. A maioria dos sujeitos percebe como sua a tarefa de ajudar os alunos a analisarem as informações e a construírem uma visão crítica dos dados coletados na rede.

> A gente tem que ter esse lado, desenvolver a nossa autonomia e a nossa crítica e o nosso poder de raciocínio ao se defrontar com alguma coisa que está na internet porque não é pelo fato de estar na internet que é verdadeiro. [...] Eu acho que o mundo abriu os canais de comunicação, as comunicações são instantâneas, mas, ao mesmo tempo, como tudo é novo, a gente tem que começar a aprender a lidar com as informações que nos chegam. [...] Antigamente você dizia, não, mas é verdade, deu no Jornal Nacional. Era um dono da verdade e hoje em dia a gente tem que trabalhar isso com os alunos (Mara Ferreira).

O próprio conceito de verdade, segundo o depoimento acima, parece estar sendo revisto por alguns dos entrevistados. Esses deixam transparecer a visão de que o conhecimento não pode mais ser visto como expressão única da verdade, ou seja, que hoje existem múltiplas verdades. Sônia Cavalcanti, por exemplo, observa: "O conhecimento se desdobrou em inúmeras formas de apreensão do mundo". Assim sendo, ninguém mais pode dizer que o que sabe é a verdade absoluta.

Em resumo, a maioria dos entrevistados percebe que os conteúdos que apresentam aos seus alunos são passíveis de discussão e de confrontação. Percebem também que a internet é um instrumento que favorece essa confrontação na medida em que fontes variadas (inclusive *sites* científicos) estão acessíveis a qualquer pessoa.

Há, contudo, uma problemática decorrente dessa facilidade de acesso a qualquer fonte de informação. Sabemos que os usuários podem encontrar na internet todo tipo de informação e conhecimento, desde os mais corriqueiros, até as últimas novidades da pesquisa científica. A questão que se coloca diz respeito à qualidade da informação e do conhecimento veiculados na rede. Como ela é um espaço aberto a tudo e a todos, é possível nela encontrar não somente os conteúdos de qualidade, mas algumas informações erradas, distorcidas ou, nas palavras de alguns, um "monte de lixo".

> É como eu digo, papel aceita tudo e a internet, também, então você tem coisas interessantíssimas, mas tem também muita porcaria, ou muita coisa superficial. Tem muita coisa errada, também. [...] Você não pode confiar cem por cento. Eu acho que o trabalho com a enciclopédia era mais caprichoso, aquilo era mais duradouro, o virtual é mais rápido. Você bota hoje, amanhã tira, desativa, ativa de novo, lança outro texto (Mariana de Andrade).

Mariana de Andrade, em seu depoimento, adverte que a internet, diferentemente das enciclopédias, não é confiável. Tal constatação parece gerar diferentes níveis de tensão nos entrevistados. Como garantir a confiabilidade das fontes? Como identificar a fidedignidade de determinada informação?

Alguns mecanismos de proteção usados pelos sujeitos foram identificados nos depoimentos. Recorrer a *sites* de universidades ou aqueles com terminação ponto *edu* parece ser garantido. Uma análise prévia dos *sites* a serem utilizados ou indicados para os alunos também é um dos mecanismos de proteção. Outro mecanismo é usar referências (*sites*) sugeridas por fontes seguras, como, por exemplo, pelos livros didáticos. Esses mecanismos, além de facilitar a seleção de conteúdos, parecem preservar os entrevistados de viverem situações inesperadas e desconfortáveis com os alunos, como a experienciada por Márcia Vilella.

> A gente estava falando dos países que falam a língua inglesa. Os meninos acharam que para obter informações sobre os Estados Unidos seria um *site* chamado casabranca.com. Afinal casabranca, né. E eles estavam acostumados que era só colocar ponto com e, quando veio, era um *site* pornográfico. Aí foi aquela loucura! Não, não é ponto com, é ponto org.

Situações inusitadas como essa é que parecem desconcertar os entrevistados, já que eles percebem a dificuldade de controlar a busca de informação via rede e a navegação no mundo virtual.

Outra questão relativa à qualidade do material extraído da rede diz respeito à preocupação dos entrevistados quanto ao desenvolvimento nos alunos de uma visão crítica do material coletado. Para a maioria, é de sua competência ajudar os alunos a ter autonomia para identificar o valor da fonte que estão usando.

> Às vezes tem *sites* que a gente manda os alunos pesquisarem e vêm algumas informações absurdas e eles dizem: mas está em tal *site!* Sim, mas quem é Pedro das Couves que é autor deste *site?* Que credibilidade ele tem para garantir que a informação dele está correta? (Mara Ferreira).

Duvidar das informações, analisar as contradições, relacionar o que está sendo dito com as suas experiências anteriores, são algumas das propostas relacionadas nos depoimentos. Ficou evidente que os entrevistados não aceitam mais o aluno como mero receptor de informações. Todos destacaram a importância de se desenvolver nos alunos o espírito crítico, a capacidade de avaliar para não serem "manipulados" ou não serem "induzidos a um pensamento errôneo", como alerta Pedro Paulo Aguiar.

Apesar de defenderem tal postura nos alunos, é possível identificar, nas entrelinhas de seus discursos, a existência de certa tensão nos entrevistados. Percebe-se que esses consideram apropriadas as críticas à informação veiculada na rede. Se a crítica do aluno, no entanto, for direcionada àquilo que o professor está dizendo, então o sentimento é outro, ou seja, muitas vezes a crítica é vista como desrespeito à autoridade docente.

A LÓGICA DO HIPERTEXTO: BAGUNÇANDO O CONTROLE DO PROCESSO PEDAGÓGICO

Os resultados mostraram que os entrevistados estão perturbados com a estrutura de hipertexto introduzida pela internet. Alguns dizem não entender os efeitos que essa nova lógica está produzindo nas pessoas. Percebem que é algo novo, que os está desequilibrando, assim como desorganizando o processo pedagógico.

No âmbito pessoal, a experiência da navegação em hipertexto produziu visões e sentimentos diferentes nos entrevistados. Alguns se surpreendem e revelam seu desconforto ante a percepção de que a navegação em hipertexto é difícil de ser controlada.

> A questão da falta de controle do indivíduo de se permitir... Você está em uma *home page* qualquer ou num hipertexto e dali você pular para uma coisa totalmente diferente que não tem mais

vínculo com o seu interesse inicial, no momento em que você ligou o computador. Isso é uma questão muito rápida, é muito complicado, você tem que ter um autocontrole que as pessoas nem sempre têm (Paulo Lima).

Outros, porém, se encantam com o inesperado resultante da experiência de navegação.

> O que me encantou foi essa possibilidade de eu começar a pesquisar. Puxei uma informação e fui, fui e eu cheguei às vezes a informações inesperadas naquela história que eu previ. O que me encanta é, muitas vezes, o inesperado no meu contato com a internet. Quando eu vou ler um livro, eu tenho que seguir aquela rotina de ir daqui lá. E na internet vamos seguir caminhos diferentes, então podemos chegar a conclusões diferentes (Mara Ferreira).

A análise dos depoimentos revelou, no entanto, que os conflitos emergem quando os entrevistados se confrontam com os impactos dessa nova lógica nos processos pedagógicos. Isso fica claro no depoimento de Sônia Cavalcante:

> Eles [alunos] resistem o quanto podem pra ler um parágrafo de um texto.
>
> [...] Se eu faço um texto com perguntas, eles vão na pergunta e eles começam com o olho, rapidinho, a procurar no texto uma palavra que possa responder àquela pergunta. Eles ignoram o texto, eles não aguentam ler um texto de uma página. Então isso pra mim é alarmante: o que está acontecendo? [...] Que lógica é essa de pensamento que está sendo colocada no lugar, que é, por exemplo, a dos jogos eletrônicos, a dos videogames, a da procura da informação, a do **hipertexto**, a dos *links*. Então eles esqueceram já o que eles estavam procurando no começo e eles já estão lá nos *links*, pá, pá, pá, em um segundo eles estão em 50 *links* diferentes, mas e aí? [...] Cadê a ordenação dessas informações? Cadê o conteúdo que você vai dar a elas? (...) **Isso é um desafio com o qual eu não estou sabendo lidar.** [...] Isso é um grande desafio que esse mundo de janelas está colocando pra gente.

Não saber como lidar com os efeitos pedagógicos advindos da nova lógica parece ser algo bastante conflitante para os sujeitos. Afinal, toda a estrutura pedagógica está montada na linearidade e na hierarquização. O que fica evidente é que novas estratégias são usadas pelos alunos, ou seja, novas formas de aprender emergem da experiência de navegação em hipertexto.

Os professores, por sua vez, não estão entendendo essas estratégias, nem tampouco sabem como intervir para ajudar os alunos. Tudo parece ainda muito obscuro, incerto, indefinido, como registra Felipe Peixoto:

> É obvio que ela [a internet] mexe com raciocínio, com lógica, com relação de informação e isso tudo está trazendo uma mudança, mas que a gente ainda não sabe muito bem quais são. A gente tem uma intuição.

Uma constatação, contudo, fica explícita na maioria dos discursos, a de que os entrevistados se sentem extremamente incomodados com o descontrole e a imprevisibilidade instaurados pela navegação em hipertexto.

Considerações finais

Algumas questões emergem com base nos depoimentos aqui destacados. Esses revelaram o quanto o excesso de informações, a facilidade para armazenar e trocar dados, a diversidade de fontes e a nova lógica hipertextual estão gerando nos professores entrevistados – conflitos, desafios –, assim como sentimentos de insegurança, desorganização, preocupação, perplexidade, medo, angústia, entre outros. Passemos agora a tentar compreender por que tudo isso mexe com os professores, desvendando o que está por trás de suas falas. Os resultados mostraram que os conflitos e os desafios provocados pela presença da internet emergem por dois motivos principais: pela desorganização do conhecido e do estabelecido e pela perplexidade, insegurança e confusão perante o inusitado.

• Desorganização do conhecido e do estabelecido

Por que os professores se angustiam com o excesso de dados e com a percepção de que é humanamente impossível dominar um mundo de informações? Por que se incomodam pelo fato de estarem o tempo todo tendo que fazer escolhas? Por que a diversidade de fontes é um problema para eles? Por que sentem mal-estar quando os alunos acham que o que está escrito na internet é lei?

Parece que a internet está revolucionando alguns pilares que sustentam a visão tradicional do que é ser professor. Os depoimentos deixaram vir à tona o medo que os professores sentem de perder o seu lugar prioritário de provedor de conhecimentos e informações a seus alunos. Um lugar historicamente construído e sustentado na concepção de professor como "o mestre, aquele que professa a verdade, aquele que ensina uma ciência, uma arte, uma técnica" (Novo Dicionário Aurélio). Além disso, como historicamente ter o saber é ter poder, os professores se ressentem de que o seu poder, sustentado que estava no domínio do conhecimento, está se diluindo. Não dominar uma informação ou um conhecimento parece deixar os professores incomodados. Ter de admitir que não conhecem, ou não estão informados a respeito de um assunto, parece gerar desconforto. Afinal, a sua função tem sido a de ensinar algo a alguém que, supostamente, desconhece. Deparar-se, então, com um aluno que muitas vezes está mais informado, ou conhecendo melhor um assunto, é se deparar com o reverso da história; é ter de desconstruir concepções fortemente arraigadas; é romper com uma forma de ser, agir e pensar. Ter de dividir com a máquina o lugar de provedor da informação e saber que os alunos podem criar outras formas para aprender que independem de sua ajuda também desarruma o que eles entendem como sua função. A sensação que parece vir de seus depoimentos é que eles estão questionando o papel que historicamente vinham desempenhando, mas ainda não reconstruíram claramente um novo papel, ou seja, estão experimentando, estão avançando e retrocedendo em suas práticas.

Por sua vez, o conhecimento vem se renovando de forma assustadora, estando acessível a todos através das novas tecnologias da informação. Acostumados a ter certo domínio de sua área de estudos, de saber onde buscar subsídios para suas aulas (especialmente nos livros didáticos, na literatura de sua área) hoje reclamam da necessidade de estar o tempo todo fazendo escolhas e de ter de cuidar da qualidade da informação veiculada na rede. Tudo isso significa que os professores precisam estar bem informados e críticos quanto ao material que chega a suas mãos, ou do material, do recurso que vão usar com seus alunos. Além disso, eles têm a clareza de que com a internet não se pode controlar o processo pedagógico da maneira como estavam acostumados. A imprevisibilidade característica da rede está penetrando no cotidiano pedagógico e saber lidar com o inusitado, "ter jogo de cintura" é hoje uma competência docente mais que necessária. É importante também abrir-se para a confrontação, relativizando o conceito de conhecimento como verdade absoluta.

- Perplexidade, insegurança e confusão diante do inusitado

Como os professores estão percebendo o novo comportamento de seus alunos? O que significa ter um aluno passivo diante do excesso de informação? Em contrapartida, o que significa reconhecer que eles estão construindo novas estratégias de aprendizagem, novas formas de lidar com o conhecimento e com a informação? Que impactos tudo isso tem nos processos pedagógicos? Como atuar?

Os depoimentos dos sujeitos deixam evidente a dificuldade que eles estão sentindo para lidar com o novo comportamento observado em seus alunos, seja nas produções, como é o caso das pesquisas cópia/cola, seja nas novas estratégias que esses apresentam para lidar com a informação ou para resolver as suas tarefas escolares (como no caso da leitura de um texto para responder a perguntas a ele relativas). Foi possível identificar duas maneiras de olhar o novo comportamento, revelando os movimentos de idas e vindas desses professores para adequar o seu dia a dia aos novos desafios. Uma, mais prudente, busca olhar os novos fenômenos a partir de modelos conhecidos, das práticas costumeiramente usadas, o que leva à avaliação das novas práticas como divergentes, preocupantes, perigosas, ou seja, comprometedoras para o desenvolvimento do aluno. Se o novo nos parece desviante, a tendência é patologizar o comportamento e, consequentemente, orientar a ação docente para o retorno aos modelos conhecidos, ou seja, levar a uma ação repressora do novo comportamento.

A outra forma de olhar, mais destemida, parece ser a de se descolar dos modelos conhecidos, das concepções internalizadas, das teorias estabelecidas e se abrir para o novo. Nesse processo, um caminho é usar as próprias experiências, seus sentimentos, as suas dificuldades como usuários da internet para tentar entender o novo comportamento dos alunos. Desconstruindo visões preestabelecidas e tentando aprender com o novo, os professores tentam descobrir outras formas de atuar, de intervir, enfim, tentam redimensionar seu papel de professor na era da informação. Mas isso não é simples, é muito doloroso, já que envolve errar, retroceder, rever ações que os professores não estavam muito acostumados a fazer.

Para finalizar, é preciso destacar aquela que parece ser, segundo os entrevistados, uma das principais tarefas docentes nesse mundo de excessos e fluxos de informações: a de ajudar o aluno a coletar e a selecionar a informação, identificando e mantendo o foco ante a fluidez e a diversidade dos dados. Em complementação, outra constatação se faz presente: é a de que a qualidade prevalece sobre a quantidade de informação nos processos pedagógicos de construção de conhecimentos.

Dito assim, parece simples, mas, se os próprios professores estão com dificuldades para viver esse processo pessoalmente, como ajudar os alunos? Muito ainda precisa ser estudado, muito ainda precisa ser trocado entre os profissionais da educação a respeito do cotidiano pedagógico atual.

Referências

ALMEIDA, M. I. M.; EUGÊNIO, F. O espaço real e o acúmulo que significa: uma nova gramática para se pensar o uso jovem da internet no Brasil. In NICOLACI--DA-COSTA, A. M. (Org). *Cabeças Digitais: o cotidiano na era da informação.* Rio de Janeiro: Ed. PUC-Rio, 2006.

ARAÚJO, J.C.; BIASI-RODRIGUES, B. (Org). *Interações na internet: novas formas de usar a linguagem*. Rio de Janeiro: Lucerna, 2005.

COSTA, S. R. (Hiper)textos ciberespaciais: mutações do/no ler-escrever. In: *Cadernos Cedes: Televisão, internet e Educação: estratégias metodológicas com crianças e adolescentes*. v. 25, n. 65, jan./abr. 2005.

CRUZ, D. M. Aprender e ensinar através da videoconferência: percepções e estratégias de alunos e professores num ambiente tecnológico interativo, *Tecnologia Educacional*, Rio de Janeiro, v. 29 (145) abr./maio/jun. 1999.

LUCENA, C.; FUKS, H. *Professores e aprendizes na web: a educação na era da internet*. Rio de Janeiro: Clube do Futuro, 2002.

KOMESU, F. C. Blogs e as práticas de escrita sobre si na internet. In: MARCUSCHI, L. A.; XAVIER, A. C. (Org). *Hipertexto e gêneros digitais: novas formas de construção de sentido*. Rio de Janeiro: Lucerna, 2005.

NICOLACI-DA-COSTA, A. M. A análise de discurso em questão. *Psicologia: Teoria e Pesquisa*, ano 10, n. 2, p. 317-331, 1994.

NICOLACI-DA-COSTA, A M. *Na malha da rede: os impactos íntimos da internet*. Rio de Janeiro: Campus, 1998.

NICOLACI-DA-COSTA, A. M. Internet: a negatividade do discurso da Mídia versus a positividade da experiência pessoal. À qual dar crédito? *Estudos de Psicologia* (UFRN), ano 7, n. 1, p. 25-35, 2002.

NICOLACI-DA-COSTA, A. M. Revoluções tecnológicas e transformações subjetivas. *Psicologia: Teoria e Pesquisa*, ano 18, n. 2, p. 193-202, 2002.

NICOLACI-DA-COSTA, A. M. O campo da pesquisa qualitativa e o Método de Explicitação do Discurso Subjacente (MEDS), *Psicologia: Reflexão e Crítica*. (no prelo).

NICOLACI-DA-COSTA, A. M. Ciberespaço: nova realidade, novos perigos, novas formas de defesa. *Psicologia Ciência e Profissão*, Brasília, v. 23, n. 2, p. 66-75, 2003.

PAIVA, V. L. M. DE O. E-mail: um novo gênero textual. In. MARCUSCHI, L.A.; XAVIER, A.C. (Orgs). *Hipertexto e Gêneros Digitais: novas formas de construção de sentido*. Rio de janeiro: Lucerna, 2005.

PELLANDA, N. M. C., SCHLÜNZE, E. T. M.; JUNIOR, K. S. (Orgs.). *Inclusão digital: tecendo redes afetivas/cognitivas*. Rio de Janeiro: DP&A, 2005.

RAMAL, A. C. *Educação na cibercultura: hipertextualidade, leitura, escrita e aprendizagem*. Porto Alegre: Artmed, 2002.

ZAREMBA, R. *Escrevendo (ou seria 'teclando'?!) o homem do século XX*. 2001. Dissertação (Mestrado em Psicologia Clínica) – Departamento de Psicologia, Pontifícia Universidade Católica do Rio de Janeiro, Rio de Janeiro, 2001.

A formação de professores diante dos desafios da cibercultura[1]

Maria Teresa de Assunção Freitas

O tema: importância e atualidade

Em nossa trajetória de pesquisa ao longo dos últimos 14 anos, enfocamos as práticas socioculturais de leitura-escrita trabalhando ora com professores, ora com alunos de ensino fundamental e médio. A partir de 1999[2], dirigimos nossas pesquisas para as questões do letramento digital de adolescentes. Percebemos que a internet está possibilitando que os adolescentes escrevam mais. Uma escrita que é inseparável de uma leitura e se constitui configurando um novo gênero discursivo. Passam horas diante da tela e, manuseando o teclado, entregam-se a uma escrita teclada criativa (criando códigos apropriados ao novo suporte), espontânea, em tempo real, interativa. É uma escrita viva, natural, com uma função e dirigida a um ou vários interlocutores (FREITAS, 2005a). Situação essa bem diferente daquela na qual a escrita se realiza na escola. Ao interagirmos com os adolescentes internautas, através de entrevistas presenciais, pudemos entrever, em seus discursos, as práticas de leitura-escrita proporcionadas pela escola. Essas se mostraram distantes dos seus interesses, do que acontece em seu cotidiano e de suas experiências na internet. Suas falas indicaram que, entre seus professores, há desconhecimento e até mesmo a presença de certos preconceitos linguísticos, sociais e culturais em relação às práticas de leitura-escrita possibilitadas pela internet. Essas atitudes revelavam a forma

---

[1] Algumas ideias apresentadas neste capítulo estão presentes nas seguintes publicações da autora: "Letramento digital e formação de professores" trabalho apresentado na 28ª Reunião da ANPEd em Caxambu,2005; "Formação de professores e o uso do computador e da internet na escola" In: *Educação em Foco,* Juiz de Fora, v. 12 , p. 251-269, 2008.

[2] Todas as pesquisas aqui indicadas têm financiamento do CNPq e da Fapemig.

como professores se posicionavam diante de trabalhos escritos dos alunos e da pesquisa escolar realizada com os recursos da web (FREITAS, 2005b). Na pesquisa seguinte (2001-2003), aprofundamos a análise do hipertexto virtual, compreendendo-o como um espaço de leitura-escrita e focalizando sites construídos por adolescentes.[3] Ao mergulharmos nessa leitura-escrita hipertextual, mais uma vez, constatamos o envolvimento dos adolescentes com uma leitura--escrita significativa. A própria construção hipertextual dos sites leva o seu construtor a diferentes práticas de leitura-escrita, desde uma leitura técnica e informacional até atividades de leitura-escrita que compõem o conteúdo do site, alimentando seus diversos *links* e se reportando a outros suportes como livros, revistas e jornais. Construídos, os sites se apresentam como espaços nos quais adolescentes transitam lendo-escrevendo sobre a própria pessoa, sobre temáticas relacionadas a interesses comuns, compatíveis com sua fase de desenvolvimento ou propostos pela mídia. Essa leitura-escrita é enraizada na vida, interativa, dirigida a interlocutores reais. Uma leitura que, em seu percurso hipertextual, se converte em escrita nas intervenções feitas nos textos, nos contatos via livros de recados ou e-mails. Escrita que se inscreve no já escrito e o re-escreve. Leitura-escrita que se constitui num diálogo constante com os textos dos diferentes links e com pessoas (FREITAS, 2005a).

  A escola conhece a riqueza dessas práticas de leitura-escrita? Em todo esse percurso relatado, a distância das práticas escolares em relação ao que é vivido fora da escola foi uma constante. Como também o foi a reflexão que se instaurou em nossa equipe sobre esses resultados. Conscientes da importância do professor no processo ensino-aprendizagem, sentíamos a necessidade de investirmos no professor, em sua formação inicial e continuada, pensando em uma forma de contribuirmos para a reversão do quadro apontado. Percebemos a urgência e a necessidade de estudos sobre a relação do professor com as novas práticas de leitura-escrita digital e com os processos de aprendizagem neste tempo de inovações tecnológicas. Consideramos que, na formação dos professores, tanto inicial quanto continuada, poucas e incipientes têm sido as iniciativas capazes de apontar saídas reais ou de contribuir de forma eficiente com um trabalho que integre a questão da aprendizagem, com o computador e a internet, presentes na contemporaneidade. Preocupando-nos com essa situação, e acreditando que o mundo acadêmico pode e deve contribuir com seus esforços investigativos para trazer um avanço a essas questões, enfrentamos uma nova pesquisa. Nela buscamos

---

[3] Ver mais sobre essa pesquisa em FREITAS, 2005a, p. 87-101.

[...] compreender, através de suas práticas discursivas, como professores em preparação e professores atuantes nas redes de ensino fundamental e médio de uma cidade mineira estão enfrentando e se posicionando diante da cultura tecnológica da informática com o que ela possibilita através do computador e da internet, construindo com estes docentes, em sua formação inicial e/ou continuada, um conhecimento compartilhado sobre as possibilidades levantadas pela cibercultura no campo do letramento e da aprendizagem, levando-os a uma reflexão que possibilite uma ação transformadora de sua prática educativa. (FREITAS, 2003, p. 2)

O objeto de estudo

Para enfrentar essa questão, apontamos algumas reflexões em relação ao letramento digital, à aprendizagem e à formação de professores. Quanto ao letramento digital partimos da definição do termo. Soares (2002) diz que letramento é o "estado ou condição de indivíduos ou grupos sociais de sociedades letradas que exercem efetivamente as práticas sociais de leitura e de escrita e participam competentemente de eventos de letramento" (p. 145). A autora reconhece que diferentes tecnologias da escrita criam diferentes letramentos. Assim, compreende que a introdução de novas práticas sociais de leitura-escrita propiciadas pelo computador e internet permite a definição de letramento digital como o "estado ou condição que adquirem os que se apropriam da nova tecnologia digital e exercem práticas de leitura e de escrita na tela, diferente do estado ou condição – do letramento – dos que exercem práticas de leitura e de escrita no papel" (SOARES, 2002, p. 146). Apoiadas nessa autora, passamos a usar o termo de letramento digital para nos referirmos à questão das práticas de leitura-escrita possibilitadas pelo computador e pela internet. Buscando trabalhos escritos sobre letramento digital encontramos um interessante material produzido na França: Anis e Lebrave (1993) aborda as mutações do ler-escrever no computador; Anis e Temporal-Marty (1990), focalizando a escrita no computador, detêm-se sobre os aspectos pedagógicos da produção de textos com base nesse instrumento; Crinon e Gautellier (2001) e Barbier-Bouvet (2001) situam as características da leitura-escrita na internet. Também, em nosso país, duas coletâneas, uma organizada por Coscarelli e Ribeiro (2005) e outra por Freitas e Costa (2005b), discutem o letramento digital em seus aspectos sociais e pedagógicos, provocando reflexões em torno dos desafios abertos pela cibercultura para aqueles que estão envolvidos com a difícil tarefa de ensinar. Enfocando cibercultura e hipertexto, temos Marcuschi (1999,

1999b), Xavier (2001, 2002), Brasil (1996, 1999), que analisam processos de leituras correlacionados ao texto e também ao hipertexto, levantando suas peculiaridades. Ramal (2002) faz um estudo acerca do hipertexto eletrônico, aproximando a teoria enunciativa de Bakhtin a reflexões desenvolvidas por Pierre Lévy. Lévy (1996, 1996b, 1999, 2001) é um importante interlocutor que nos ajuda a compreender a cibercultura e a leitura-escrita que aí se processa. Para ele "a cibercultura é o conjunto de técnicas (materiais e intelectuais), de práticas, de atitudes, de modos de pensamento e de valores que se desenvolvem juntamente com o crescimento do ciberespaço" (1999, p. 17). O estudo de suas obras, a análise dos seus conceitos sobre o virtual e o real, cibercultura, inteligência coletiva, hipertexto, constituem-se como norteadores de nossa compreensão do meio digital.

As transformações culturais, as novas condições de produção dos conhecimentos levam a novos estilos de sociedade nos quais a inteligência é o produto de relações entre pessoas e dispositivos tecnológicos. Mudam, assim, as formas de construção do conhecimento e os processos de ensino aprendizagem. Podem influir nessas transformações culturais da contemporaneidade: a velocidade com a qual as informações circulam e são produzidas; as novas compreensões das relações de trabalho, cidadania e aprendizagem; o impacto das novas tecnologias (RAMAL, 2002). Esses três elementos estão questionando a escola, pondo em xeque a rigidez de sua estrutura curricular, sua preocupação com os produtos e não com os processos, a compartimentalização do saber. As novas práticas de leitura-escrita construídas na internet estão apontando para a necessidade de mudanças dessas práticas nos espaços educacionais. Que mudanças pode o processo de letramento digital contemporâneo provocar na construção do conhecimento na escola, na leitura-escrita que se realiza no espaço escolar? De que forma essa escrita teclada e essa leitura-escrita hipertextual, não linear, circular, pode questionar a educação, a formação docente?

Ramal (2002) explicita que a realidade do emprego progressivo da tecnologia em sala de aula pode vir a determinar novas formas de aprender e provoca, necessariamente, um repensar no papel do professor nesse contexto, e, consequentemente, das exigências relativas à sua formação e capacitação.

Para compreender como a formação do professor se situa diante dessas questões, reportamo-nos a André (2000), que apresenta um levantamento da pesquisa sobre a formação de professores no Brasil, no período de 1990–1998. A autora indica que, entre os aspectos que merecem menos atenção nas pesquisas identificadas, figuram as novas tecnologias e informática. Entretanto, no final do período estudado, aparece como estudo emergente a formação do professor para as novas tecnologias, especialmente a informática. Esse levantamento se refere a um período que termina em 1998, o que talvez explique a pouca incidência de estudos envolvendo a informática na formação de professores. É bom lembrar que maior disseminação do uso do computador aconteceu a partir do desenvolvimento da internet e que, no Brasil, o surgimento da internet comercial data de 1995 e que 1997 é o ano de criação do Programa Nacional de Informatização na Educação (PROINFO).[4]

Analisando dados de pesquisas sobre formação de professores e tecnologias digitais, observamo s que, gradativamente, a partir de 1998, vão se tornando mais frequentes estudos na formação de professores envolvendo o computador e a internet. Em um trabalho, *O estado do conhecimento na área de educação e tecnologia no Brasil, no período entre 1996 e 2002*, de Raquel Barreto e outras autoras, apresentado em uma sessão especial na Reunião da Anped de 2005, as autoras concluem que o maior número de pesquisas sobre esse tema concentra-se a partir de 2000, figurando entre esses estudos o tema da Educação a Distância.

Procurando identificar a partir daí como a formação de professores tem se voltado para as questões dos usos do computador e da internet, fizemos uma rápida incursão no site da Anped verificando como esse tema se apresenta no GT Formação de Professores, nas reuniões realizadas entre 2000 e 2008. Encontramos ao longo desses anos, entre mais de 80 trabalhos apresentados e pôsteres, 13 títulos sobre o tema, que se concentram mais nos anos de 2003 a 2007. Esses textos abordam de modo geral as possibilidades educativas trazidas pelo uso do computador e da internet, a busca de novos caminhos para a formação de educadores com os novos ambientes digitais, a necessidade de formar professores para o uso da informática nas escolas, os professores diante do letramento digital, as mudanças na prática docente a partir do uso do computador e da internet, a Educação a Distância na formação de professores. Esses dados são indicativos de uma presença inicial, mas não demonstram ainda preocupação mais forte da área com o assunto. Expandindo nosso olhar, procuramos ver como o tema se apresenta nas sessões especiais do período, que

---

[4] A internet está presente no Brasil desde 1988, por iniciativa da FAPESP/SP, UFRJ/RJ e LNCC/RJ, ligando os computadores e redes das universidades e centros de pesquisa brasileiros aos EUA. Em 1989, com o crescimento da demanda acadêmica por conexão internet, o Ministério da Ciência e Tecnologia (MCT) criou a Rede Nacional de Pesquisa (RNP), com a finalidade de estruturar e manter uma espinha dorsal nacional que integrasse as redes estaduais, viabilizasse o acesso à internet ao interior, com o provimento de serviços educacionais e estimulasse o surgimento de aplicações de redes em várias áreas do conhecimento (PRETTO, 1999).

envolvem vários GTS, e localizamos nesses oito anos, cinco sessões especiais sobre o tema discutindo a relação da TIC com as práticas de leitura e escrita, com a produção da subjetividade, os processos comunicacionais na formação docente, relações entre educação e tecnologias, políticas de formação em tecnologias digitais e políticas de EAD envolvendo a UAB.

Atualmente, mostram-se importantes os estudos de Silva (2002), que focalizam a sala de aula interativa, e o trabalho de Arruda (2004), que analisa as modificações ocorridas no trabalho docente com a inserção das TICs, e as discussões de Bonilla (2005) sobre a aprendizagem na escola na era da cibercultura. Embora analise a realidade espanhola, o livro de Salvat (2000) apresenta uma interessante abordagem que possibilita inferências e reflexões sobre a questão do uso do computador e da internet na escola. Compreendemos, assim, como nossa pesquisa se mostrava oportuna por incidir em um conteúdo ainda pouco estudado, mas que estava emergindo como um novo interesse.

Para maior fundamentação, dedicamo-nos também às leituras de autores que focalizam a formação do professor, como Nóvoa (1991, 1992), Estrela (1997), Alarcão (2003). Os textos de Schön (1983, 1987, 1992), com sua prática reflexiva, auxiliam na compreensão do processo reflexivo na formação de professores, embora estejamos conscientes de que nosso trabalho se afasta da abordagem do autor. Nesse sentido, encontramos respaldo em Guedin (2002), que critica a teoria de Schön por reduzir a reflexão à técnica enquadrada em uma sala de aula. O cerne da questão está em uma formação que desenvolva no professorado a compreensão do processo de ensino e o desenvolvimento do aluno, entendendo quais os fatores sociais, econômicos e políticos que permeiam sua prática educativa. Libâneo (2002) permite-nos construir um elo entre a teoria reflexiva e a histórico-cultural através da diferenciação de dois tipos de reflexividade: a crítica e a neoliberal. Nossa pesquisa se identificou com o primeiro tipo que relaciona teoria-prática e busca uma reflexividade de característica sociocrítica, que vê o professor como agente em uma realidade em transformação. Encontramos também uma aproximação com nosso trabalho em Magalhães (2002) e Liberali (2002) com quem estabelecemos um proveitoso diálogo.

O referencial teórico

O referencial teórico que fundamenta a pesquisa que relatamos é a perspectiva histórico-cultural envolvendo a teoria enunciativa da linguagem de Bakhtin e a teoria social da construção do conhecimento de Vygotsky.

A teoria de Bakhtin pode ser um ponto de partida para se pensar o letramento digital. Embora esse autor tenha escrito seus textos numa época em que a internet era algo ainda impensável, seus conceitos podem ser atualizados para melhor compreendermos essa realidade. Segundo Machado (1996), as dimensões do sistema teórico de Bakhtin parecem avançar cada vez mais para fora de seus limites, fornecendo instrumentos para se pensar questões específicas da linguagem, do pensamento, dos sistemas de signos, tal qual são vivenciados hoje em nossa cultura. Como se comportam seus conceitos quando ambientados no conjunto da cultura em que o texto impresso convive com o texto eletrônico? É possível estender a teoria do dialogismo para a compreensão dos produtos escritos em espaços textuais constituídos pelos recursos típicos dos ambientes da internet, jamais imaginados por Bakhtin? Dadas as características desse novo meio, o movimento de atualização de alguns de seus construtos teóricos é de fundamental importância para não se incorrer numa análise ingênua ou, até mesmo, descontextualizada. No contexto específico da esfera digital da comunicação, as categorias bakhtinianas podem ajudar numa compreensão das suas características. Perde o homem, no ciberespaço, quaisquer indícios da materialidade, preservando, no entanto, toda riqueza e complexidade das múltiplas formas de expressão da linguagem. É nesse ponto que se pode insistir nos pressupostos desse autor como um terreno extremamente fértil para a concretização de uma reflexão. Ora, a linguagem é para Bakhtin-Volochinov (1988) um fenômeno eminentemente social, que se processa na e pela interação entre dois ou mais interlocutores, e o que nos resta a fazer na internet é interagir com um outro, certamente em outro nível de corporeidade, mas via linguagem. Assim, relendo alguns de seus conceitos como: *interação verbal, dialogismo, interdiscursividade, polifonia, alteridade, exotopia, compreensão ativa, cronotopo, lugar social do interlocutor, entoação, autoria, textualidade, gêneros discursivos* e apropriando-nos deles, partimos para a compreensão responsiva dessa nova realidade: letramento digital.

Para abordar a questão da aprendizagem, ponto focal do fazer do professor e importante no seu processo formativo, é preciso situá-la valendo-se da concepção de Vygotsky (1991) de desenvolvimento humano como o produto de duas linhas, a natural e a cultural, que se entrelaçam em uma complexa síntese dinâmica. É com base no desenvolvimento cultural que se constroem as funções mentais superiores que são tipicamente humanas. É nas relações sociais, via linguagem, que o sujeito constitui suas formas de ação e sua consciência, deixando de ser um ser biológico para se transformar em um ser sociohistórico. Todo esse processo de construção das funções mentais superiores acontece a partir de uma ação entre sujeitos (plano interpessoal) que se transforma em uma ação do sujeito (plano intrapessoal) (VYGOTSKY, 1991).

Percebe-se, assim, como o desenvolvimento é socialmente constituído, o que possibilita a compreensão de um sujeito inserido num contexto cultural.

Nessa perspectiva, a educação assume papel preponderante. Quando nascemos, não estamos prontos. Somos aquilo em que nos transformamos a partir das interações sociais, da educação que recebemos. Nesse processo, o educador tem uma participação ativa: transmite conhecimentos, experiências acumuladas e presentes em sua cultura, valores, normas de conduta, códigos. O educando, interagindo com o educador, vai paulatinamente internalizando aquilo que é construído nessas relações, não passivamente, mas reconstruindo a partir do seu próprio referencial, de sua singularidade. A escola ganha nessa perspectiva também outra dimensão, que lhe confere uma importância decisiva no desenvolvimento. A escola, numa sociedade letrada, tem como função básica instrumentalizar os alunos para serem usuários competentes da leitura-escrita, interagindo com o conhecimento acumulado pelas diversas disciplinas científicas. No dizer de Oliveira (1996), esse contato sistemático com o sistema de escrita e com a ciência como modalidade de construção do conhecimento propiciado pela escola se constitui em importante fator de desenvolvimento atuando diretamente sobre o desenvolvimento psicológico. Vygotsky (1991, 2001 e 2001b) afirma que a aprendizagem se realiza sempre em um contexto de interação, através da internalização de instrumentos e signos, levando a uma apropriação do conhecimento. Todo esse processo é que promove o desenvolvimento. Portanto, a aprendizagem precede o desenvolvimento. Ao compreender dessa forma as relações entre aprendizagem e desenvolvimento, Vygotsky confere grande importância à escola (lugar da aprendizagem e da produção de conceitos científicos); ao professor (mediador dessa aprendizagem); às relações interpessoais (através das quais esse processo se completa). A aprendizagem é um processo de construção compartilhada, uma construção social. O professor atua nesse processo como um mediador intervindo com o seu trabalho no desenvolvimento potencial do aluno.

O processo metodológico

Debruçando-nos sobre a empiria e a teoria, acumulando experiência e reflexões sobre as implicações da perspectiva histórico-cultural para a prática da pesquisa, construímos, progressivamente, uma metodologia investigativa derivada desse referencial teórico. Nesse sentido, as pesquisas por nós empreendidas tiveram além dos seus objetivos relacionados ao objeto de estudo, o propósito de trabalharmos na construção de outras estratégias metodológicas. Essa é uma ousadia que tem seu preço. Exige um maior conhecimento e profundidade da teoria para, com base nela, repensarmos os nossos recursos metodológicos. É algo que não está pronto, que não está organizado em nenhum manual de pesquisa, mas que vai tomando forma a partir do trabalho investigativo. Diante de cada objeto de pesquisa, temos de olhá-lo pensando no que ele exige de nós. Foi assim com nossas professoras e sua história de vida; com nossas crianças e adolescentes em suas entrevistas coletivas; com a observação virtual interagindo com adolescentes internautas usuários de chats e e-mails de listas de discussão, construtores de sites. Em todo esse percurso, trabalhamos com entrevistas individuais e coletivas numa perspectiva do dialogismo bakhtiniano, observações interativas que incluíam a participação e a compreensão ativa do pesquisador. É Bakhtin (1992) que nos orienta e permite compreender que uma situação de pesquisa é sempre um encontro entre sujeitos, um diálogo no qual pesquisador e pesquisado se ressignificam. Assim, a pesquisa passa da descrição e da compreensão do que o outro apresenta para um encontro maior que vai além. O pesquisador é aquele que vai ao encontro do outro, coloca-se em seu lugar, para perceber o que ele percebe, mas retorna ao seu lugar. Esse retorno, essa posição exotópica, é que lhe permite ter realmente uma compreensão ativa do outro, gerando uma resposta ao visto, ao dito e não ao dito. E essa resposta implica ajudar o outro a avançar, a caminhar, a sair do lugar. Assim, a pesquisa deixa de ser somente diagnóstico para ser pesquisa intervenção. Trabalhamos com professores em um processo de mudança, transformação. Como fazer dos encontros com os professores situações possíveis de reflexões que tragam a mudança? Além do objetivo de compreender através de suas práticas discursivas como os professores estão se posicionando diante da utilização do computador e da internet, queremos que esses se sintam mobilizados a modificarem sua prática pedagógica com a inclusão nela de recursos da cibercultura. Desse modo, além do objeto de estudo, procuramos construir outras estratégias metodológicas coerentes com o referencial teórico adotado.

    Preocupados com os resultados de nossas pesquisas anteriores, que apontavam lacunas no trabalho da escola, defasagens em relação às questões relacionadas ao letramento digital, pensamos em uma pesquisa que, trabalhando com professores, pudesse se constituir num espaço de formação. Nesse sentido, encontramos um reforço para nossa pretensão em Gatti (2000), para quem a pesquisa na área educacional pressupõe enquanto objetivo a compreensão de uma realidade e as possibilidades de sua transformação. Conhecemos também o trabalho que a professora Dr.ª Cecília Magalhães e seu grupo vêm há vários anos empreendendo, realizando estudos e pesquisas com grupos de professores utilizando uma metodologia intitulada de "aprendizagem colaborativa", baseada no referencial histórico-cultural.

Trabalhando com a reflexão e a colaboração, esses grupos envolvem uma visão de coautoria na avaliação das representações e procuram não só compreender as percepções dos professores, como também incluem um trabalho de intervenção transformador (MAGALHÃES, 2002).

Dessa metodologia de trabalho, interessou-nos, sobretudo, a possibilidade de uma reflexão que parte do que o professor faz para uma reconstrução do que pode ser feito, confrontando-o com o seu contexto social e político. Também é importante aí a focalização no discurso dos participantes e em uma aprendizagem colaborativa. A partir dessas contribuições, desenvolvemos para o trabalho com professores novas estratégias metodológicas como as *sessões reflexivas* e os *grupos focais reflexivos*. Nas *sessões reflexivas* e nos *grupos focais reflexivos*, trabalhamos com as práticas discursivas de professores e pesquisadores desencadeadas por discussões e reflexões, a partir de relatos dos participantes sobre sua prática pedagógica, sobre o levantamento das práticas de letramento digital de seus alunos, sobre artefatos selecionados do banco de dados das pesquisas de nosso grupo e da própria navegação pela internet. Baseando-se nas práticas discursivas, emergiram dados que permitiram compreender como os professores se situam em relação ao letramento digital e à aprendizagem em tempos de inovações tecnológicas, compreendendo, a partir daí, o seu contexto. Estamos conscientes de que a ênfase da atividade do pesquisador se situa no processo de transformação e mudança em que se desenrolam os fenômenos humanos, captando a questão no seu desenvolver, isto é, no seu processo. O que buscamos não é a precisão do conhecimento, mas a profundidade da penetração e a participação ativa tanto do investigador quanto dos investigados (FREITAS, 2003). Nesses grupos, pesquisadores e pesquisados têm oportunidade para refletir, aprender e ressignificar-se no processo de pesquisa de forma colaborativa uma vez que todos são coparticipantes ativos e sujeitos da construção e transformação do conhecimento. Consideramos, pois, essas *sessões reflexivas e os grupos focais* em coerência com o referencial histórico-cultural como uma produção de linguagem e uma esfera social de circulação de discursos na qual os eventos de linguagem são marcados pela interlocução.

Um breve relato da pesquisa e seus achados

Organizamos a pesquisa com um **campo central** no qual trabalhamos com professores de ensino fundamental de uma escola particular em sessões reflexivas e professores de escolas públicas municipais em grupos focais reflexivos. Além disso, desenvolvemos **quatro subgrupos**, nos quais **dois** se dedicaram ao trabalho com professores em sua **formação inicial** e

dois se envolveram com professores em sua **formação continuada**. O subgrupo I atuou com um Curso de Pedagogia presencial de uma instituição de ensino superior federal, interagindo com professores e alunos através de entrevistas coletivas, e o subgrupo II focalizou um curso de formação de professores à distância: Projeto Veredas,[5] utilizando a observação interativa. O subgrupo III desenvolveu sessões reflexivas com um grupo de professores de escolas públicas, abordando a relação da internet com o trabalho da pesquisa escolar, e o subgrupo IV acompanhou um professor de informática no desenvolvimento de um projeto de inclusão digital (Jovens navegando pela cidade) com alunos de uma escola pública municipal.

Fazendo uma síntese dos achados dessa pesquisa, podemos dizer que, em relação à formação inicial de professores, pudemos compreender como os professores desses cursos de formação, tanto presenciais quanto a distância, ainda não se integraram de fato à cibercultura. Até fazem certo uso pessoal do computador e acessam a internet para comunicação através de e-mail e alguma navegação pela web; no entanto, não vinculam essas atividades à sua prática pedagógica. Observamos que computador e internet estão presentes no referido curso de Pedagogia levados pelas mãos dos alunos que os utilizam para variados fins, mas principalmente visando à elaboração de trabalhos exigidos pelas disciplinas em estudo. Assim, navegam na internet para pesquisar temas referentes a esses trabalhos e usam o computador para a sua digitação. Está, pois, ocorrendo um uso apenas instrucional, com um não aproveitamento, ou uma subutilização, do computador e da internet na dinâmica desse curso de Pedagogia, que se reflete na formação desses alunos com consequências para sua futura prática pedagógica (FERNANDES, 2005). Aliás, observamos que o tal curso investigado não se difere de outros em nosso país. Via de regra, os cursos de Pedagogia no Brasil não têm incluído em seus currículos o uso crítico e criterioso do computador e da internet, nem habilitam o futuro professor para sua inclusão no trabalho pedagógico. Alguns cursos, segundo Bonilla (2005), incluem em sua grade curricular a disciplina "Introdução à Informática", mas essa tem se limitado a desenvolver algumas competências e a possibilitar o contato com o computador, mas não abordam questões epistemológicas, políticas, relacionadas às características dessas tecnologias e linguagens no contexto contemporâneo.

---

[5] O Projeto Veredas constituiu-se em um curso de Formação Inicial de Professores a distância, organizado e coordenado pela Secretaria de Estado da Educação de Minas Gerais junto com algumas instituições mineiras de ensino superior, estando entre elas a Universidade Federal de Juiz de Fora (UFJF), através de sua Faculdade de Educação.

No entanto, o Fórum Virtual de discussões do Projeto Veredas, um curso a distância, mostrou-se como uma interessante alternativa para a interação entre seus usuários constituindo-se como uma mediação para sua aprendizagem. Ele se apresentou como um recurso positivo por trazer funcionalidade e dinâmica ao projeto, facilitando contatos e contribuindo para a aprendizagem coletiva. As interações discursivas desenvolvidas entre os participantes propiciaram a constituição de um grupo cooperativo-colaborativo que interagia e discutia temáticas de interesses comuns, acompanhando as discussões abertas, complementando-as ou refutando-as, e propondo novos temas para debate. Dessa forma, percebemos uma utilização específica do computador e da internet nesse processo de formação inicial como parte da própria dinâmica desse tipo de curso, que, por ser a distância, pôde utilizar de forma mais natural os recursos do digital, trazendo ganhos para seus usuários, embora ainda de maneira limitada, devido à fase de implantação, na qual o processo de acesso disponibilizado aos cursistas ainda não conseguia atingir a todos como era desejável (RAMOS, 2004). Com esses trabalhos desenvolvidos nos subgrupos I e II percebemos a importância de computador e internet estarem integrados à dinâmica dos cursos de formação inicial para que, na formação continuada, não sejam encontradas as dificuldades presentes.

O desenvolvimento da pesquisa no âmbito da formação continuada nos permitiu perceber o grande desafio que a inserção do computador e da internet na escola traz para a formação do professor. O subprojeto III foi fundamental para a realização dos trabalhos do campo central. Como um projeto piloto, testou a metodologia em construção, mostrando-nos a viabilidade das *sessões reflexivas*. Embora trabalhando com um pequeno grupo, funcionou de forma bastante produtiva. Focalizando a pesquisa escolar na internet em 12 sessões reflexivas, percebemos como as professoras participantes se envolveram em um processo reflexivo sendo capazes de analisar a própria prática pedagógica. Confrontaram-se com os seus preconceitos em relação ao uso da internet para a realização da pesquisa escolar e conseguiram perceber criticamente o modelo de pesquisa desenvolvido em suas aulas. Puderam vivenciar navegando na internet o processo de pesquisa escolar, compreendendo melhor o que acontece com seus alunos. Desenvolveram um projeto de pesquisa escolar via internet a ser realizado com seus alunos, e esse foi relatado no grupo, em um processo reflexivo, indicando o que fizeram, como, por que e para que, avaliando-o criticamente de forma compartilhada. Os depoimentos finais das participantes indicaram a validade do trabalho, as transformações pessoais nelas operadas e algumas mudanças introduzidas em suas práticas pedagógicas. Avaliando seu trabalho, Cunha (2004) indicou uma série de sugestões para a organização dos grupos do

Projeto Central. Atendemos às indicações de trabalharmos com um grupo de professores de uma mesma escola para que as transformações, advindas do movimento reflexivo, pudessem se integrar de maneira mais efetiva a determinada realidade escolar e também estendemos a duração das sessões reflexivas por dois semestres letivos. Compreendemos que o movimento reflexivo grupal requer tempo para maior aprofundamento e investimento em relação às questões que se constituem como objeto de estudo.

Assim, na frente 1 do Projeto Central, durante dois semestres letivos, trabalhamos com sete professores de uma escola particular de ensino fundamental, na qual 90% dos alunos têm computador e em sua maioria acesso à internet. A escola possui um laboratório, com 11 computadores, frequentado semanalmente por todas as turmas de alunos da 3ª a 8ª série com a mediação de um professor de informática. Foi feito junto com os professores participantes um levantamento quanto ao letramento digital de seus alunos, no qual foram identificados frequência e local de uso do computador e da internet, bem como suas práticas de leitura/escrita que incluem: digitação de trabalhos, jogos, troca de e-mail, blogs, navegação por sites com temas de entretenimento e de estudo. Os professores sentiram-se confrontados diante desse letramento digital de seus alunos e, percebendo-se dele distanciados, dispuseram-se a experienciá-lo, navegando pela web orientados por três pesquisadores. Discussões e reflexões foram efetuadas com esses professores a partir dessas experiências nas sessões reflexivas. No segundo semestre, as sessões reflexivas foram realizadas no próprio laboratório de informática no qual aprofundamos as discussões das temáticas focalizadas integradas a uma experiência de uso do computador e da internet pelos professores. Tais atividades geraram a construção com os professores de um projeto de trabalho a ser desenvolvido com seus alunos, valendo-se de suas disciplinas, utilizando recursos da internet. Assim, trabalhamos com os professores na implementação desses projetos em uma reflexão crítica de seu desenvolvimento.

Percebemos que o trabalho reflexivo realizado gerou envolvimento dos professores no sentido de compreenderem o letramento digital de seus alunos e desejarem incluir, em sua prática pedagógica, atividades dele decorrentes. Pressionados por essa realidade digital de seus alunos, os professores participantes da pesquisa se dispuseram a enfrentar um movimento de transformação.

Por outro lado, realizamos outro processo com professores de escolas públicas da rede municipal, cujo alunado tem nelas a sua única oportunidade de uso do computador e da internet. Com preocupação de inclusão digital, são desenvolvidos esforços pela Secretaria de Educação que incluem a montagem de laboratórios de informática em 43 de suas quase 100 escolas, 13 com acesso à internet, cursos para professores sobre o uso do computador e da internet, e projetos com alunos a partir do uso da internet. Incidiram sobre essas ações a segunda frente de trabalho do Projeto Central e o subprojeto IV.

Ao final da pesquisa, compreendemos as diferentes realidades da escola particular e pública ante o letramento digital e a aprendizagem em tempos de computador e internet. Entre as diferenças observadas, ficou evidenciada a preocupação da escola particular pesquisada em atender às expectativas das famílias de seus alunos e como usa a presença do computador e da internet como um *marketing* de sua atualização e da qualidade de seu trabalho. Outra diferença observada foi a maior facilidade de acesso a essas tecnologias por parte dos alunos dessa escola particular. No entanto, apesar das dificuldades de acesso dos alunos das escolas públicas pesquisadas, descobrimos que esses tem realizado interessante movimento de driblarem essa situação correndo atrás do atrativo do computador e da internet em casas de amigos ou parentes, em cibercafés, em *lan houses*, em salas com computadores disponibilizadas ao público em diferentes pontos da cidade, seja por iniciativa do poder municipal, seja por iniciativa de organizações comunitárias de bairros.

No entanto, observamos entre ambas as realidades mais aspectos comuns do que diferenças. Os professores tanto dessa escola particular quanto das escolas públicas municipais pesquisadas ainda não conseguiram integrar o computador e a internet em sua prática pedagógica. Apesar de seu uso pessoal, dos cursos oferecidos pela Secretaria de Educação e dos esforços do grupo reflexivo de nossa pesquisa, os professores ainda se mostram tímidos e inseguros, não conseguindo dar o salto necessário para a inclusão dessas tecnologias no cotidiano de suas salas de aula. O computador e a internet ainda estão colocados do lado de fora da sala de aula. São vistos apenas como mais um recurso tecnológico à sua disposição, mas não reconhecem neles as suas reais potencialidades para serem incluídos como instrumentos de aprendizagem que revolucionem a prática pedagógica. Assim, os professores abrem mão de sua responsabilidade em usar o computador e a internet em suas salas de aula, uma vez que nelas não há espaço para tal. O laboratório de informática é ainda para eles um terreno estranho, que não lhes pertence e no qual não se sentem à vontade. Fica difícil integrar o laboratório à sala de aula, e dessa forma as duas realidades permanecem estanques. Essa situação revela que não basta equipar as escolas com laboratórios de informática e oferecer para os professores cursos de iniciação a esses instrumentos. Isso só não é suficiente se não há discussão maior sobre o que se altera na aprendizagem com o uso dessas tecnologias. Aspectos como interatividade, aprendizagem compartilhada, novas formas de avaliação, a partir da inclusão do computador e da internet na sala de aula, não são discutidos.

Percebemos, portanto, que se torna necessário um esforço para um conhecimento mais profundo desses instrumentos, seus programas e formas de utilização a fim de que se possa adequá-los às necessidades e aos objetivos educativos. É preciso pensar que as tecnologias da informação e da comunicação, como diz Salvat (2000), na medida em que intervêm nos modos de aprendizagem, no acesso à informação, na aquisição de conhecimentos e na formas de comunicação, introduzem elementos novos na formação e na educação das pessoas. A escola, como uma instituição formativa, não pode ficar alheia a essas mudanças.

Fica evidente que há preocupação da escola em não se manter à margem ao introduzir os computadores em seu espaço físico. O problema é que a instituição escolar está vivendo essa incorporação como uma intrusão, como algo que é necessário ser usado, para se mostrar atualizada e até como um marketing de qualidade, porém sem saber muito bem por que, para que e como. Sem conhecer os efeitos de seu uso na aprendizagem, no currículo e na organização da própria instituição, sem ter uma ideia definida do que realmente representam.

É necessário, para um trabalho efetivo na escola com o computador e a internet, que toda a organização escolar seja repensada em termos de espaços e tempos compatíveis com a lógica dessas tecnologias e também a própria organização curricular.

Assim, mais do que seu uso isolado por esse ou aquele professor ou turma, é preciso que haja sua inclusão no projeto político pedagógico da escola. Mas, mesmo assim, o êxito dessa empreitada depende principalmente de sua apropriação por parte dos docentes, apropriação no sentido vygotskiano de uma imersão nas atividades culturalmente organizadas, próprias desses instrumentos e de sua internalização (Vygotsky, 2001). Essa apropriação só acontece depois de uma experiência direta, quando se sentem capazes de dominar aquilo que lhes parecia no início tão difícil, quando começam a ver as possibilidades reais de uso na própria prática e na de seus companheiros. Foi o que experienciamos na escola particular com os professores nas sessões reflexivas. No início medrosos, desconfiados, sem o domínio dos instrumentos. Temerosos, por estarem em dificuldades diante do que já era dominado por seus alunos. Depois de um trabalho conjunto, atuando com o computador e a internet e discutindo seu uso, dificuldades e descobertas com o grupo, aos poucos foram se soltando e percebendo as possibilidades de uma ação via computadores em suas salas de aula, o que se concretizou através de um pequeno projeto realizado por cada professor a partir de uma unidade do conteúdo programático escolar.

Com os professores das escolas municipais, o processo formativo foi também desencadeado na discussão sobre o enfrentamento das dificuldades que se apresentavam, tais como: o impacto do conhecimento de seus alunos como usuários dessas tecnologias apesar de pertencerem a uma classe de menor poder aquisitivo; as estratégias a serem desenvolvidas para a utilização do laboratório de informática na escola e a manutenção de seus equipamentos; a descoberta do potencial dos computadores como instrumentos de aprendizagem.

Essas considerações apontam para o início de uma mudança, algo ainda muito incipiente, mas que, com o tempo, poderá levar esses professores à sua incorporação de fato. A semente foi plantada, e em educação os tempos são lentos, a inovação é demorada. Pudemos concluir que as estratégias metodológicas (entrevistas dialógicas individuais e coletivas, observações interativas, sessões reflexivas e grupos focais reflexivos) utilizadas, tanto no Projeto Central quanto nos subprojetos dele derivados, mostraram suas possibilidades de provocar mudanças nos participantes envolvidos: pesquisadores e pesquisados. Percebemos que pesquisas de intervenção, que funcionam como um espaço de formação e integram um trabalho reflexivo sobre a própria prática pedagógica, podem ser importantes alternativas para um efetivo uso do computador e da internet na escola.

Referências

ALARCÃO, I. Alunos, professores e escola face à sociedade da informação. In: PIMENTA, S. G.; GHEDIN, E. (Orgs.) *Professores reflexivos em uma escola reflexiva*. São Paulo: Cortez, 2003. p. 12-39.

ANDRÉ, M. A pesquisa sobre formação de professores no Brasil – 1990-1998. In: Linhares, C.F. et al. *Ensinar e aprender: sujeitos, saberes e pesquisa*. Rio de Janeiro: DP&A, 2000.

ANIS, J.; TEMPORAL-MARTY, N. *Ecriture informatique pedagogies*, CNDP,1990.

ANIS, J.; LEBRAVE, J. L. *Texte et ordinateur: la mutations du lire-écrire*. Paris: Centre de Recherches Linguistiques, 1993.

ARRUDA, E. *Ciberprofessor: novas tecnologias, ensino e trabalho docente*. Belo Horizonte: Autêntica, 2004.

BAKHTIN, M. *Estética da criação verbal*. São Paulo: Martins Fontes, 1992.

BAKHTIN, M. (Volochinov, V.) *Marxismo e filosofia da linguagem*. São Paulo: Hucitec, 1988.

BARBIER-BOUVET, J.F. Internet, lecture et culture de flux. *Esprit,* Paris, n. 280, p. 20-34, dec. 2001.

BONILLA, M.H. *Escola aprendente: para além da sociedade da informação*. Rio de Janeiro: Quartet Ed., 2005.

BRASIL, A. Livro de Areia: Hipertexto. *Presença Pedagógica*, Belo Horizonte, v. 2, n. 12, p. 5-9, nov./dez. 1996.

BRASIL, A. Hipertexto e comunicação. *Presença Pedagógica*, Belo Horizonte, v. 5, n. 29, p. 77-80, set./out. 1999.

COSCARELLI, C. V.; RIBEIRO, A. E. (Orgs.). *Letramento digital – Aspectos sociais e possibilidades pedagógicas*. Belo Horizonte: Autêntica, 2005.

CUNHA, P. V. *A pesquisa escolar na www: desafios e possibilidades na formação de professores*. Dissertação (Mestrado em Educação) – Faculdade de Educação, Universidade Federal de Juiz de Fora, Juiz de Fora, 2004.

CRINON, J.; GAUTELLIER, C. *Apprendre avec le multimédia et internet*. Paris: Retz, 2001.

ESTRELA, M. T. (Org). *Viver e construir a profissão docente*. Porto: Porto Editora, 1997.

FERNANDES, O. P. *O computador/Internet nas vozes de futuros pedagogos: uma relação em formação*. Dissertação (Mestrado em Educação) – Faculdade de Educação, Universidade Federal de Juiz de Fora, Juiz de Fora, 2005.

FREITAS, M. T. A. A perspectiva socio-histórica: uma visão humana da construção do conhecimento. In: FREITAS, M T. A. *et al.* (Orgs.) *Ciências humanas e pesquisa- -Leituras de Mikhail Bakhtin*. São Paulo: Cortez, 2003. p. 26-38.

FREITAS, M. T. A. *Letramento digital e aprendizagem na era da internet: um desafio para a formação de professores*. Projeto de Pesquisa, CNPq, 2003.

FREITAS, M. T. A. Sites construídos por adolescentes: novos espaços de leitura/escrita e subjetivação. *Cadernos CEDES*, Campinas, v. 25, n. 65, p. 87-101, jan./abr. 2005a.

FREITAS, M. T. A.; COSTA, S. R. (Orgs). *Leitura e escrita de adolescentes na internet e na escola*. Belo Horizonte: Autêntica, 2005.

GATTI, B. Algumas considerações sobre os procedimentos metodológicos nas pesquisas educacionais. In: *Aula inaugural do Programa de Pós-Graduação em Educação da UFJF*. 2000. Juiz de Fora.

GHEDIN, E. Professor reflexivo: da alienação à autonomia da crítica. In: PIMENTA, S. G. GHEDIN, E. (Orgs.) *Professor reflexivo no Brasil: gênese e crítica de um conceito*. São Paulo: Cortez, 2002. p. 129-150.

LEVY, Pierre. *A conexão planetária*. São Paulo: Editora 34, 2001.

LEVY, Pierre. *As tecnologias da inteligência* São Paulo: Editora 34, 1996.

LEVY, Pierre. *Cibercultura*. São Paulo: Unesp, 1999.

LEVY, Pierre. *O que é virtual?* São Paulo: Editora 34, 1996b.

LIBÂNEO, J. C. Reflexividade e formação de professores: outra oscilação do pensamento pedagógico brasileiro? In: PIMENTA, S. G., GHEDIN, E. (Orgs.). *Professor reflexivo no Brasil: gênese e crítica de um conceito*. São Paulo: Cortez, 2002. p. 53-79.

LIBERALI, F. C. Agente e pesquisador aprendendo na ação colaborativa. In: GIMENEZ,T. (Org). *Trajetórias na formação de professores de línguas*. Londrina: Editora da UEL, 2002.

MACHADO, I. A. Os gêneros e a ciência dialógica do texto. In: FARACO, C. A. *et al.* (Orgs). *Diálogos com Bakhtin.* Curitiba: UFRP, 1996. p. 225-71.

MAGALHÃES, M. C. C. *A linguagem na formação de professores como profissionais reflexivos e críticos.* 2002. (mimeo).

MAGALHÃES, M. C. C. *Sessões reflexivas como uma ferramenta aos professores para a compreensão crítica das ações da sala de aula.* 2002a (mimeo)

MARCUSCHI, L. A. Linearização, cognição e referência: o desafio do hipertexto. In: *IV Colóquio da Associação Latino-Americana de Análise do Discurso,* 1999, Santiago.

MARCUSCHI, L. A. O hipertexto como um novo espaço de escrita em sala de aula. In: *IV Fórum de estudos Lingüísticos, Língua portuguesa em debate:* Conhecimento e Ensino. 1999b, UFRJ, Rio de Janeiro.

NÓVOA, A (Org.). *Profissão professor.* Porto: Porto Editora, 1991.

NÓVOA, A (Org.). *Vidas de professores.* Porto: Porto Editora, 1992.

OLIVEIRA, M. K. Escolarização e organização do pensamento. *Revista Brasileira de Educação,* n. 3, p. 97-102, set./dez. 1996.

RAMAL, A. C. *Educação na cibercultura: hipertexto, leitura, escrita e aprendizagem.* Porto Alegre: Artes Médicas, 2002.

RAMOS, B. S. S. *Práticas discursivas no fórum virtual de discussões do portal Veredas: uma alternativa de aprendizagem?* Dissertação (Mestrado em Educação) –Faculdade de Educação, Universidade Federal de Juiz de Fora, Juiz de Fora, 2004.

SALVAT, B. G. *El ordenador invisible: hacia la apropiación del ordenador en la enseñanza.* Barcelona: Editorial Gedisa, 2000.

SCHÖN, D. *Educating the Reflective Practicioner.* San Francisco: Jossey Bass Publishers, 1987.

SCHÖN, D. Formar professores como profissionais reflexivos. In: NÓVOA, A. (Org). *Os professores e sua formação.* Lisboa: Dom Quixote, 1992, p. 77-92.

SCHÖN, D. The reflective Practitioner. How professionals think in action. N.Y *Basic Books,* n. 1, p. 13-40, 1983.

SILVA, M. *Sala de aula interativa.* Rio de Janeiro: Quartet, 2002.

SOARES, M. Novas práticas de leitura e escrita: letramento na cibercultura. *Educação e Sociedade,* Campinas, v. 23, n. 81, p. 143-160, dez. 2002.

VYGOTSKY, L. *Pensamento e linguagem.* São Paulo: Martins Fontes, 1991.

VYGOTSKY, L. *Psicologia Pedagógica:* São Paulo: Martins Fontes, 2001b.

VYGOTSKY, L. *A construção do pensamento e da linguagem.* São Paulo: Martins Fontes, 2001.

XAVIER, A. C. S. *Leitura, texto e hipertexto.* Disponível em: <http://www.unicamp.br/~hytex/th0.htm> Acesso em: 22 nov. 2001.

XAVIER, A. C. S. *Hipertexto: novo paradigma textual?* Disponível em: <http://www.unicamp.br/~hytex/hnp0.htm> Acesso em: 22 nov. 2001.

Infoexclusão e analfabetismo digital: desafios para a educação na sociedade da informação e na cibercultura

Marco Silva

O computador *on-line* ocupa posição central na constituição da sociedade da informação e da cibercultura. A partir da década de 1980, o computador deixou de ser a máquina solitária, rígida e restritiva para se apresentar ao usuário como sistema "conversacional" em rede mundial à base de janelas, ícones e interfaces na tela do monitor. A sociedade da informação e a cibercultura eclodem com a nova versão "amigável" e elevada à categoria de mídia interativa. Assim, o computador *on-line* vem englobando todos os meios de informação e comunicação anteriores, tornando-se o centro processador da informação e da comunicação.

O computador *on-line* está cada vez mais presente como infraestrutura de processos sociais: finanças, comércio, meios de comunicação, lazer, educação, etc. Isso traz implicações profundas na constituição da sociedade. À primeira vista, pode parecer centralizador dos processos de informação e comunicação. Tudo tende a passar por seus aplicativos e por sua extensão em rede. Entretanto, é eminentemente descentralizador. O hipertexto, seu fundamento técnico, permite abrir janelas paralelas ou superpostas que se movimentam, abrem e fecham através de "elos" com ícones na tela. Pressupõe uma arquitetura complexa que define a memória e os processamentos não na forma hierárquica, segundo a metáfora da "árvore", mas em forma de rede, uma trama aberta a múltiplas conexões planetárias, em tempo real.

A rede mundial de computadores, a internet, amplia o setor de serviços (terciário), de tal forma que hoje se fala em "setor quaternário". Os serviços têm se intensificado de modo que se tornou necessário inventar a expressão "setor quaternário" para diferenciá-los do setor terciário. No setor quaternário, inclui-se todo o novo que a internet traz: liberdade dos usuários para compartilhar, trocar, executar, copiar, distribuir e colaborar.

Um volume astronômico de informações circula pelo planeta. O termo "informação" é central na expressão "sociedade da informação", mas não expressa que a novidade é a dimensão comunicacional que se abre no lugar da lógica unidirecional. A internet interliga o mundo, o local e o global, coisa que a televisão não fez. A escola e a universidade têm muito a aprender com esse cenário para se posicionarem consistentemente como espaços privilegiados de inclusão digital entendida para além do mero acesso ao computador.

O combate à infoexclusão não deve limitar-se ao amplo acesso ao computador conectado à internet sem barreiras econômicas e geográficas, mas à qualificação dos usuários para a não subutilização das tecnologias digitais interativas, bem como para a participação criativa e colaborativa no universo *on-line*, onde se encontra também sua vida real: a amizade, o trabalho, o negócio, o lazer, a informação, a comunicação, a escola, a universidade e o conhecimento.

Não basta ter acesso à informação digitalizada, é preciso estar a par de que temos nossa vida e nosso cotidiano não mais somente no mundo analógico. Estamos imersos também no mundo digital *on-line*, no ciberespaço. A par do universo *on-line* e formado para coexistir nele, o cibercidadão desfrutará de suas disposições técnicas para expressão da sua autonomia e colaboração, para a operação das informações que ganham sentido através das ações de cada indivíduo que deixa de ser mero receptor para tornar-se também emissor e cocriador de informações e de conhecimento.

A sociedade da informação e a cibercultura

Entre os primeiros autores e principais divulgadores da ideia de "sociedade da informação", estão Daniel Bell e Alvin Toffler. Eles se dedicaram a tratar da mudança pela qual a sociedade estaria passando, deixando de viver na esfera da fábrica, da produção fabril para começar a utilizar novas técnicas, novos tipos de energia, novas formas e forças de produção baseadas no computador. A "sociedade industrial", produtora de bens, que sucedera a sociedade agrária, extrativa e pré-industrial, passa a ser sucedida pela "sociedade pós-industrial", produtora de serviços e de informação. Essa expressão, criada na década de 1970, é posteriormente alterada para "sociedade da informação", pelo próprio Bell, uma vez que a informação, e não exatamente os serviços, seria a principal matéria-prima no novo contexto sociotécnico.

Duas sínteses podem ser destacadas para exprimir o conceito de sociedade da informação enquanto espírito do nosso tempo marcado pelas tecnologias digitais da informação e da comunicação.

> Cada vez se produz mais informação, cada vez são mais as pessoas cujo trabalho é informar, cada vez são mais também as pessoas que dependem da informação para trabalhar e viver. A economia se assenta na informação. As entidades financeiras, as bolsas, as empresas nacionais e multinacionais dependem dos novos sistemas de informação e progridem, ou não, à medida que os vão absorvendo e desenvolvendo. A informação penetra na sociedade como uma rede capilar e ao mesmo tempo como infra-estrutura básica... (BALSEMÃO, 1994, p. 282).
>
> A sociedade de informação, segundo seus teóricos, gera mudanças no nível mais fundamental da sociedade. Inicia um novo modo de produção. Muda a própria fonte da criação de riqueza e os fatores determinantes da produção. O trabalho e o capital, as variáveis básicas da sociedade industrial, são substituídos pela informação e pelo conhecimento. A teoria do valor trabalho, da maneira formulada por uma sucessão de autores clássicos, de Locke e Smith a Ricardo e Marx, é obrigada a ceder lugar a uma "teoria do valor do conhecimento". Agora, 'o conhecimento, e não o trabalho, é a origem do valor' (Bell). "O microprocessador", diz Hazel Henderson, "revogou finalmente a teoria do valor do trabalho". Stonier argumenta que "a informação superou a terra, o trabalho e o capital como o insumo mais importante nos sistemas modernos de produção". E Yoneji Masuda, o principal expoente japonês do conceito da sociedade de informação, proclama que, na nova sociedade, "a mercadoria informação... que consiste de redes de informação e de bancos de dados", a organização básica da geração de informação "substituirá a fábrica como símbolo societário". Ela terá "o caráter fundamental de uma infra-estrutura e o capital formado por conhecimento predominará sobre o capital material na estrutura da economia". (MASUDA, STEHR & BOHME e CASTELLS) (KUMAR, 1997, p. 24)

Entretanto, além de exprimir o espírito do nosso tempo, há a utilização da expressão "sociedade da informação" para identificar programas estratégicos de soberania implementados por um país, cuja finalidade é preparar a infraestrutura técnica e a formação de pessoal para pesquisa e desenvolvimento de serviços avançados de comunicação e informação para atender às novas demandas do nosso tempo.

Especificamente sobre essa segunda utilização da expressão, é notável que, a partir da década de 1990, diversos países vêm formulando programas intitulados "sociedade da informação". A motivação de cada país é garantir sua soberania na era digital. Formulada como política pública oficial do Estado, tem a visão estratégica que abrange diretamente as esferas tecnológica e social beneficiando todo o mercado. Há o investimento na esfera tecnológica que prepara a nova geração de redes, viabilizando novos estágios de evolução da internet e congêneres e suas aplicações no país. Para tal é preciso investir em velocidade e qualidade das conexões para o usuário veterano e o ingresso de novos usuários. E há também o investimento na esfera social, isto é, na formação tecnológica, na pesquisa, na educação inclusiva habilitadora de competências para a participação cidadã na era digital.

Há crescente mobilização mundial em torno da sociedade da informação entendida como política pública. Foi criada até a Cúpula Mundial sobre a Sociedade da Informação[1] sob os auspícios da ONU, incluindo diversos países que se reúnem para colocar em debate suas realidades e suas políticas particulares em busca de parcerias e implementações transnacionais.

Governos, entidades de negócios, entidades da sociedade civil e ONGs mostram-se atentos à necessidade de investimentos urgentes e essenciais, comprometem-se em promover o desenvolvimento e o uso democrático das tecnologias tradicionais e novas. Partem do artigo 19 da Declaração Universal dos Direitos Humanos, que assegura o direito do cidadão participar em todos os níveis do processo de comunicação e informação e, na melhor das intenções, fala em prevenir novas formas de exclusão.

A crescente mobilização internacional é bem-vinda, entretanto, nem todos estão verdadeiramente atentos à preocupação maior: "A internet é de fato uma tecnologia da liberdade, mas pode libertar os poderosos para oprimir os desinformados, pode levar à exclusão dos desvalorizados pelos conquistadores do valor" (CASTELLS, 2003, p. 225).

Resguardada a utilização mais ou menos atenta da expressão "sociedade da informação" entendida como política pública, há que colocar em foco sua acepção, que exprime a ambiência sociotécnica, cultural e mercadológica. Nesse caso, pode ser tratada como expressão sinônima de "cibercultura", uma vez que a semelhança semântica permite que a expressão seja escolhida em lugar da palavra em alguns contextos, sem alterar a significação geral descrita até aqui como era digital.

---

[1] A *Cúpula*, convocada pelo então Secretário-Geral das Nações Unidas, Kofi Annan, foi idealizada em dezembro de 2001 durante Assembleia Geral das Nações Unidas. Sua preparação se dá sob a responsabilidade da União Internacional de Telecomunicação e outros organismos das Nações Unidas interessados, bem como dos países anfitriões. A conferência, a ser realizada em duas fases (dezembro de 2003, em Genebra, e 2005, na Tunísia) coloca na agenda dos grandes temas do planeta a construção da Sociedade da Informação. Site oficial da World Summit on the Information Society (WSIS): http://www.itu.int/wsis/. Site espanhol da Cumbre Mundial sobre la Sociedad de la Información (CMSI): http://www.itu.int/wsis/basic/about-es.html. (Acesso em: 10 mar. 2007).

Segundo Lévy, cibercultura "é o conjunto de técnicas (materiais e intelectuais), de práticas, de atitudes, de modos de pensamento e de valores, que se desenvolvem juntamente com o crescimento do ciberespaço". O termo *cyberspace* aparece no romance *Neuromancer* (1984), de Willian Gibson, para definir uma rede de computadores futurista que as pessoas usam conectando seus cérebros a ela. Hoje, ciberespaço quer dizer "novo meio de comunicação que surge com a interconexão mundial de computadores"; é "o principal canal de comunicação e suporte de memória da humanidade a partir do início do século XXI"; "espaço de comunicação aberto pela interconexão mundial dos computadores e das memórias dos computadores"; "novo espaço de comunicação, de sociabilidade, de organização e de transação, mas também o novo mercado da informação e do conhecimento", que "tende a tornar-se a principal infra-estrutura de produção, transação e gerenciamento econômicos" (LÉVY, 1999, p. 32, 92 e 167).

Ciberespaço significa, na acepção de Lévy, um rompimento paradigmático com o reinado da mídia de massa baseada na transmissão. Enquanto esta efetua a distribuição para o receptor massificado, o ciberespaço, fundado na codificação digital[2], permite ao indivíduo teleintrainterante a comunicação personalizada, operativa e colaborativa em rede hipertextual.

A cibercultura emerge com o ciberespaço constituído por novas práticas comunicacionais (e-mails, listas, *weblogs*, jornalismo *on-line*, *webcams*, *chats*, etc.) e novos empreendimentos que aglutinam grupos de interesse (cibercidades, *games*, *software* livre, ciberativismo, arte eletrônica, MP3, cibersexo, etc.). Segundo Lemos (2003, p. 12), "podemos entender a cibercultura como a forma sociocultural que emerge da relação simbiótica entre a sociedade, a cultura e as novas tecnologias de base micro-eletrônica que surgiram com a convergência das telecomunicações com a informática na década de 1970".

---

[2] É prioridade saber distinguir apropriadamente os termos analógico e digital. O entendimento mais amplo do que seja inclusão digital depende dessa distinção. "Ao retirar a informação do mundo analógico – o mundo 'real', compreensível e palpável para os seres humanos – e transportá-la para o mundo digital, nós a tornamos infinitamente modificável. [...] nós a transportamos para um meio que é infinita e facilmente manipulável. Estamos aptos a, de um só golpe, transformar a informação livremente – o que quer que ela represente no mundo real – de quase todas as maneiras que desejarmos e podemos fazê-lo rápida, simples e perfeitamente. [...] Em particular, considero a significação da mídia digital sendo manipulável no ponto da transmissão porque ela sugere nada menos que um novo e sem precedente paradigma para a edição e distribuição na mídia. O fato de as mídias digitais serem manipuláveis no momento da transmissão significa algo realmente extraordinário: usuários da mídia podem dar forma a sua própria prática. Isso significa que informação manipulável pode ser informação interativa" (FELDMAN, 1997, p. 4).

O ciberespaço é o "hipertexto mundial interativo, onde cada um pode adicionar, retirar e modificar partes dessa estrutura telemática, como um texto vivo, um organismo auto-organizante"; é o "ambiente de circulação de discussões pluralistas, reforçando competências diferenciadas e aproveitando o caldo de conhecimento que é gerado dos laços comunitários, podendo potencializar a troca de competências, gerando a coletivização dos saberes"; é o ambiente que "não tem controle centralizado, multiplicando-se de forma anárquica e extensa, desordenadamente, a partir de conexões múltiplas e diferenciadas, permitindo agregações ordinárias, ponto a ponto, formando comunidades ordinárias" (LEMOS, 2002, p. 131, 145 e 146).

Um cenário sociotécnico de segmentação social em expressões culturais, raciais, sexuais, consumistas e religiosas conflitivas e/ou associativas na busca dos seus interesses. Um quadro complexo que não permite falar que a internet é um instrumento de homogeneização cultural ou meramente consumista.

As sociedades multiculturais vêm rejeitando as hierarquias que funcionaram bem na era industrial, centralizada, piramidal. Em seu lugar, ganha espaço o modelo de rede de organização e comunicação, que tem raízes na formação espontânea, igualitária e natural de grupos de pessoas de interesses semelhantes. As redes reestruturam o poder e o fluxo de comunicação de vertical para horizontal. Isso significa reestruturação das esferas tecnológica, mercadológica e social. Aí está até mesmo a utilização farta da expressão "em rede" (CASTELLS, 1999).

Inclusão digital: não basta ter acesso às tecnologias digitais on-line

Há, entretanto, muito aquém do reencantamento do mundo com as tecnologias digitais, aspectos altamente inquietantes agravados com a sociedade da informação, com a cibercultura. Juntamente com a infoexclusão, outros dois aspectos precisam ser destacados. Há o crescente poderio das novas empresas midiáticas disputando a colonização do ciberespaço. E há também a perspectiva de aumentar a dissolução do sujeito no ambiente hipertextual e descentralizado onde cada usuário está entregue à lógica do faça-você-mesmo (*do-it-yourself*) e do compartilhamento.

Reproduz-se a velha separação entre o topo e a base da pirâmide, dessa vez como "inforricos e infopobres". O acesso à internet depende de capital econômico e cultural. Isso cria este analfabeto: o infoanalfabeto. Esse é o excluído do mercado de trabalho *on-line* e *off-line* identificado como "setor quaternário", é o excluído das novas formas de comunicação e da interatividade das redes. É um ser que não tem acesso à inovação na direção do mais comunicacional, que ultrapassa a mera transmissão e recepção. A esse excluído é negada a oportunidade de aprender a selecionar conteúdos, interferir, armazenar, imprimir, enviar, enfim, tratar a informação como espaço de manipulação e de negociação.

Não basta ter acesso às tecnologias digitais *on-line*. É preciso saber operá-las não mais como um receptor da mídia clássica. A internet é uma mídia interativa, em que somos espectadores e participadores ao mesmo tempo. A participação é a novidade principal. Diversas formulações de prioridades para a Cúpula Mundial para a Sociedade da Informação (CMSI) colocam em destaque a disposição para superar a exclusão digital, priorizando o exercício da participação. Podemos citar, por exemplo, o "documento de prioridades" para a CMSI elaborado pelos membros de Caucus de LAC[3]:

> *Es innegable el potencial de las tecnologías de información y comunicación para el desarrollo de una sociedad, basada en la inclusividad, la igualdad de oportunidades y el respeto de la diversidad cultural. Los programas de promoción del acceso y uso de las TIC deben responder a las diferentes realidades políticas, económicas, sociales y culturales, en un espacio-tiempo-histórico pertinente, sin implantación de soluciones únicas "pre-fabricadas". Consideramos que no solamente procurar el acceso, sino asegurar la participación de los diversos sectores sociales en las dinámicas de las iniciativas o programas nacionales de la sociedad de la información, son cuestiones de vital importancia para garantizar un impacto positivo y duradero. Asegurar la participación implica considerar a los diversos sectores y disciplinas en la formulación, desarrollo, continuidad, monitoreo y evaluación de iniciativas, programas y políticas a largo plazo. La aplicación, uso y apropiación de las TIC puede traducirse en un gran potencial para el avance social, o pueden reforzar las inequidades sociales. Asumimos el compromiso de evitar que las brechas se ensanchen.*

O trecho em destaque deixa claro que a participação, e não meramente o acesso às tecnologias digitais, é a verdadeira inclusão. Não basta

---

[3] *El Caucus de América Latina y el Caribe (Caucus LAC) es una plataforma abierta de discusión, acción y construcción de consensos sobre los contenidos, procesos y aspectos relacionados con la Cumbre Mundial sobre la Sociedad de la Información (CMSI). El Caucus de América Latina fue constituido formalmente durante la segunda reunión del Comité Preparatorio de la CMSI, PrepCom2, en Ginebra, con el concierto de las organizaciones de la sociedad civil presentes en la misma.* Fonte: http://www.cpsr.org/ (Acesso em: 10 mar. 2005).

democratizar o acesso aos meios digitais de informação. É preciso qualificar comunidades excluídas dotando-as de competências para participar na era digital, na cibercultura, na sociedade da informação.

A participação é um dos fundamentos da interatividade (SILVA, 2006). As tecnologias digitais *on-line* trazem em sua "natureza" essa dimensão comunicacional que permite ao clássico espectador atuar também como emissor, como colaborador, como cocriador. Quando subutilizadas nessa sua peculiaridade essencial, elas reforçam, paradoxalmente, a infoexclusão dos próprios usuários. Ou seja, cada usuário precisará estar a par das possibilidades reais da participação *on-line*, para além da recepção à qual se encontra tradicionalmente acostumado no universo da mídia de massa.

Se não houver investimento na formação dos usuários, não haverá inclusão digital de fato, e a internet perderá a perspectiva democratizante que teve participação importante no seu desenvolvimento mundial, para além do uso meramente instrumental, isto é, a internet servindo para realizar a distância as tarefas rotineiras que eram realizadas somente na proximidade física. A propósito, cresce o número de pesquisas revelando a decepção com a internet, porém os pesquisadores nem sempre se dão conta de que seu uso instrumental está associado ao conceito mais amplo de exclusão digital.

O pesquisador Vaz (2004) fez o mapeamento da decepção com a internet e verificou que os "sonhos" de democratização, de descentralização, de liberdade de expressão, de participação colaborativa no ciberespaço estão se transformando em "melancolia".

• Os sonhos: A internet "permaneceria descentralizada"; "continuaria havendo pouco ou nenhum entrave à livre troca de informação e que as mensagens poderiam continuar anônimas"; "seria lugar terceiro de sociabilidade, para além da família e do trabalho"; "a descentralização do poder de emitir informações a distância"; "a informação queria ser livre"; "qualquer esforço dos poderes estabelecidos de criar entraves seria respondido por ações que garantiriam a sua abertura"; aumentaria "o poder da audiência em relação a representações que lhe são transmitidas".

• A melancolia: "À medida que a internet se difunde, a tendência não é a de que ela se transforme, mas que reflita a opinião pública"; "a conjunção entre excesso de informação e o problema de credibilidade reforça a tendência de se visitar sempre os mesmos sites, sem concretizar a multiplicidade"; "a internet, antes vista como modo de estimular a troca horizontal de informações às expensas dos poderes estabelecidos, está se tornando uma fantástica máquina para que recursos produzidos por poucos sejam distribuídos a muitos de modo personalizado"; "as empresas conseguirão construir bancos de dados gigantescos sobre preferências, o que possibilita a alocação de cada indivíduo em agrupamentos previsíveis de gosto, com a respectiva perda do que poderia ultrapassar gêneros e surpreender"; "embora possam ir para muitos lugares, a maioria dos usuários visita os mesmos [sites]" ou "em vez de os indivíduos se conectarem para se abrirem ao novo, eles podem acessá-la para ter mais do mesmo, restringindo suas visitas aos sites que confirmam suas crenças sobre o mundo"; "o excesso de informação implica a necessidade de filtros"; "diante do tempo requerido para encontrar informações diferentes e se certificar de sua credibilidade, o indivíduo teria tendência a preferir o já conhecido"; entre os usuários experientes, "cada vez 'entra-se' menos em salas de Chat" (p. 125-139).

Em resumo, a internet estaria perdendo a mobilização em torno do sonho da inteligência coletiva livre e plural diante do predomínio do uso instrumental: troca de e-mails, busca de oportunidades de trabalho, compra e venda, trabalhos escolares, manejo de conta em banco, leitura de notícias, atividades ligadas ao trabalho.

Diante dessa tendência, o conceito mais amplo de inclusão digital não se contenta com a acepção mais usual apoiada meramente na distribuição da tecnologia: distribuir em massa o computador e o acesso à internet. Essa acepção está ainda associada à lógica da distribuição própria da fábrica e da mídia de massa. Para superá-la, será preciso exercitar a interatividade *on-line*, entendida como participação colaborativa livre e plural no ciberespaço, para iniciar o processo de desvencilhamento pessoal e coletivo da lógica da distribuição ou da prevalência do polo da emissão. Assim, mais do que acesso ao ciberespaço, será preciso formação do usuário.

A formação inclusiva do usuário das tecnologias digitais e da internet precisará se dar conta das demandas da cibercidadania. Deverá prepará-lo para atuar no ciberespaço e na cibercidade. A inclusão meramente tecnológica não sustenta a cibercidadania. É preciso garantir a inclusão do sujeito como autor e coautor nos ambientes por onde ele transita de conexão em conexão. É preciso formá-lo para atuar na cibercidade ou nas redes sociais reconfiguradas pelas tecnologias digitais e pela internet: *home banking*, votação eletrônica, imposto de renda *on-line*, telecentros, escola *on-line*, TV digital, jornal *on-line*, museu virtual, fóruns de discussão, trabalho *on-line*. Todavia, a formação para atuação nesse universo *on-line* não poderá estar dissociada da atuação do sujeito nas redes presenciais do espaço urbano.

Participar, ser cidadão na era digital é mais do que estar conectado e consumir a distância. É atuar no ciberespaço com a perspectiva comunitária e política. No sentido da abordagem que diz:

> O capital social pode ser dinamizado a partir de um "Portal da Cidade" com diversas informações sobre Ongs, implementação de fóruns de debates, livres ou induzidos, por regiões, áreas de chats, propiciar a transparência informativa, disponibilizar serviços *on--line* e informações que incentivem a participação política do cidadão; deve-se também incentivar a construção de telecentros em instituições e centros comunitários, com terminais de livre acesso, e-mail grátis para todos, buscando lutar contra a exclusão digital. O objetivo é colocar os grupos sociais e indivíduos em sinergia, utilizando o potencial do ciberespaço como vetor de agregação social. (LEMOS, 2004, p. 24)

A inclusão digital passa, portanto, por mobilizações nesse sentido e não meramente pela distribuição da conectividade. Eis aqui o compromisso que se agrega ao papel essencial da educação. Formar a cidadania na cibercultura, na sociedade da informação. Os professores precisarão ser formados nesses termos para ultrapassarem a utilização instrumental do computador e da internet, dando o exemplo eloquente na sala de aula presencial e *on-line* do sentido mais amplo da inclusão digital ou da alfabetização digital. No entanto, o uso do computador e da internet entre professores das redes pública e privada ainda é baixo. Isso quer dizer que até mesmo os educadores estão excluídos dos equipamentos, o que há de mais elementar para a sua inclusão digital. Essa primeira etapa terá que ser vencida de início. Em seguida, os professores deverão cuidar da sua formação técnica para lidar com as tecnologias digitais, bem como aprender a fazer da conectividade conhecimento e participação.

Considerações finais

O acesso às tecnologias digitais será o menos problemático se comparado ao desafio de fazer da conectividade conhecimento e participação. Difícil será enfrentar o poderio das novas empresas midiáticas detentoras das opções mais recorrentes de conectividade.

Os professores terão pela frente mais conectividade e mais banalização da participação e da interatividade promovida pela competição entre as empresas latifundiárias da conectividade digital. Doravante teremos os latifundiários não mais vinculados à terra, à fábrica, mas ao ciberespaço. O século XX foi levado a viver a "era dos impérios comunicativos, talvez mais poderosos, eficazes e temíveis que os antigos impérios baseados em lanças e arcabuzes" (GUBERM, 1994, p. 299). No século 21, a geoestratégia dos novos senhores midiáticos avança para além do espaço telecomunicacional da mídia tradicional baseada na emissão para a massa e na uniformização de fluxos. Em novas ou velhas fusões, eles tentarão colonizar o ciberespaço. Eis a ameaça dos novos e potentíssimos oligopólios multimidiáticos.

Os proprietários dos meios tradicionais de difusão de informação estão disputando seu espaço por meio de megafusões, de alianças transnacionais. Aqueles que tinham apenas o jornal impresso, o rádio, a televisão, hoje ampliam seu negócio oferecendo múltiplas opções de serviço e atendimento *on-line*. Seus gestores estão criando *know-how* compatível com a sociedade da informação, com a cibercultura. Estão de olho nos próximos movimentos do xadrez. No entanto, já sabem que o xadrez telemático não se joga separando peças brancas e pretas ou separando a emissão da recepção. Mesmo com a preeminência dos programadores, dos informatas, o jogo é difuso, é "em rede" e precisa incluir a participação dos usuários. O que vem pela frente não é mais aquele receptor-consumidor submetido à emissão massiva dos fluxos uniformizados, mas o operador de informações que ganha autoria quando o polo da emissão está liberado.

Os gestores das novas empresas midiáticas sabem até que podem fazer da interatividade apenas um discurso comercial, ou a melhor estratégia para adaptar seus produtos e serviços ao interesse do consumidor que não mais se sente atraído por produtos desenhados para a generalidade. No fim das contas, eles têm clareza de que a "magia" da interatividade vende mais porque tem a ver com capacidade de "diálogo" consumidor-produto-empresa. Entretanto, se quiserem dar um passo à frente, terão de permitir que o público manipule e trate as informações, sejam elas sons, sejam elas imagens, possibilitando compor o próprio produto a partir do estoque de dados audiovisuais disponibilizados.

Na sociedade da informação e na cibercultura, estamos ultrapassando rapidamente a tradicional produção em massa e caminhando em direção a uma mistura de produtos de massa e produtos desmassificados abertos à atuação dos usuários. Estar a par dessa transição sociotécnica tornou-se vital para empresários de todos os setores do mercado, particularmente os empresários das mídias. O mesmo se pode dizer para os professores.

Os professores atentos ao novo ambiente sociotécnico poderão garantir a realização da função social da escola na sociedade da informação, na cibercultura. Se a função social precípua da educação é a formação para a cidadania, os professores precisarão cuidar da cidadania no ciberespaço. Em lugar do uso instrumental da internet, a ampliação do espaço para participação cidadã em tempo real, em espaços distintos, de forma síncrona e assíncrona.

A internet não é mídia de massa, é uma infraestrutura da coletividade. Os professores podem lançar mão de sua potencialidade para abrir novos espaços de participação coletiva. Eles podem experimentar isso na sala de aula presencial e *on-line* e aí preparar o novo espectador, a geração digital para sua atuação no novo espaço de manifestação da cidadania.

Referências

BALSEMÃO, F. La cultura del zapeo. In: *Apuntes de la sociedad interactiva*. FUNDESCO (Org.). Cuenca (Espanha): UIMP, 1994, p. 282.

CASTELLS, M. *A galáxia da internet: reflexões sobre a internet, os negócios e a sociedade.* Rio de Janeiro, Jorge Zahar Ed., 2003.

CASTELLS, M. *A sociedade em rede.* Trad. R. V. Majer. São Paulo: Paz e Terra. 1999.

FELDMAN, T. *Introduction to digital media.* New York/London: Routledge, 1997.

GUBERN, R. Poder comunicativo y debilidad ideologica. In: *Apuntes de la sociedad interactiva: autopistas inteligentes y negocios multimedia*. FUNDESCO (Org.). Cuenca (Espanha): UIMP, 1994.

KUMAR, K. *Da sociedade pós-industrial à pós-moderna: novas teorias sobre o mundo contemporâneo.* Trad. Ruy Jungmann. Rio de Janeiro: Zahar, 1997.

LEMOS, A. Cibercidades: um modelo de inteligência coletiva. In: LEMOS, A. (Org.). *Cibercidade: as cidades na cibercultura*. Rio de Janeiro: E-papers, 2004.

LEMOS, A. *Cibercultura: tecnologia e vida social na cultura contemporânea*. Porto Alegre: Sulina, 2002.

LÉVY, P. *Cibercultura*. Tradução de Carlos I. da Costa. São Paulo: Ed. 34, 1999.

SILVA, M. *Sala de aula interativa*. 4. ed. Rio de Janeiro: Quartet, 2006.

VAZ, P. As esperanças democráticas e a evolução da internet. *Revista FAMECOS*, Porto Alegre, n. 24, jun. 2004.

Teleduc – Ferramenta de apoio e de inclusão digital no Programa Ação Cidadã

Lívia Maria Villela de Mello Motta

O Programa Ação Cidadã, desenvolvido com professores das diferentes áreas da rede pública estadual de ensino, incluindo o ensino fundamental e médio, em Carapicuíba, município da Grande São Paulo, tem como objetivo a formação crítica de professores com foco na leitura nas diferentes áreas, para que possam colaborar na formação de alunos cidadãos, alunos que sejam capazes de ler e compreender os textos que leem. Os professores, em um primeiro momento, participam das oficinas organizadas por formadores da PUC-LAEL, fazendo as atividades propostas, para em seguida construir as próprias unidades didáticas com conteúdos de suas especificidades, não só para a utilização em sala de aula, mas também para um trabalho de multiplicação nas reuniões pedagógicas em suas escolas. Para isso, foram constituídos grupos de apoio, que, conforme discutido por Daniels e Parrila (2004), são grupos de professores que trabalham juntos, em uma base sistemática e constante, para servir como um conselho que ajudará a criar uma escola sensível à diversidade dos alunos e atenta às necessidades dos professores.

Dentro do Programa Ação Cidadã, o Teleduc foi, inicialmente, proposto para ser usado como ferramenta de apoio para as oficinas presenciais, servindo como um espaço onde pudesse ser disponibilizado o material preparado pelos formadores e, em uma segunda etapa, pelos próprios professores participantes. Ao ser implementado, entretanto, pudemos verificar que, além de ferramenta de apoio, ele serviu como oportunidade de inclusão digital dos professores que participam do projeto e ainda constitui-se em um espaço de formação de professores.

Considerando o Programa Ação Cidadã como um sistema de atividade (ENGESTRÖM, 1999; DANIELS, 2003), foi possível perceber que, ao usarmos uma nova ferramenta, provocamos movimento e uma alteração na posição dos sujeitos no sistema. Os participantes que, a princípio, deram os e-mails de suas escolas para cadastramento, ao perceber o meio digital como uma oportunidade de interação, de consulta e de possível crescimento profissional, começaram a criar e-mails em sites que oferecem endereços gratuitos, trocando, então, os e-mails das escolas pelos pessoais. Além disso, o espaço virtual mostrou-se adequado para formação de professores, já que pudemos usar o bate-papo, previamente agendado com as professoras de um dos grupos de apoio, para dar suporte e, ao mesmo tempo, promover reflexão sobre a prática de sala de aula. Também a disponibilização de material permite que os professores usem as unidades didáticas já elaboradas por formadores e outros professores, adequando-as a seus contextos escolares, servindo como base para a próxima etapa, quando os professores se tornam autores e produzem as próprias unidades.

Para discutir essas questões, este texto divide-se em duas partes. A primeira parte apresenta o Teleduc, seus recursos e relata o uso que fizemos deles no Programa Ação Cidadã. A segunda parte discute o movimento que pôde ser observado nesse sistema, apoiando-se no conceito de sistema de atividade (ENGESTRÖM, 1999; DANIELS, 2003) e conclui o trabalho, apontando para a relevância do instrumento dentro do Programa Ação Cidadã.

Teleduc – recursos e uso no Programa Ação Cidadã

O Teleduc, como apontado anteriormente, é uma plataforma ou um *software* livre, usado como ambiente para cursos a distância. Foi desenvolvido em 1998 pelo Núcleo de Informática Aplicada à Educação (NIED) da Unicamp, o qual é formado por um grupo de profissionais de diversas áreas que pesquisam o papel da tecnologia no processo de ensino-aprendizagem. O Teleduc, conforme explicitado no site do NIED, foi desenvolvido de forma participativa, ou seja, todas as suas ferramentas foram idealizadas e projetadas para atender às necessidades relatadas por seus usuários. Com isso, ele apresenta características que o diferenciam dos demais ambientes para educação a distância disponíveis no mercado, como a facilidade de uso por pessoas não especialistas em computação, a flexibilidade quanto à forma de usá-lo e outras funcionalidades. Isso foi essencial no nosso contexto, já que trabalhamos com professores com pouca intimidade com a tecnologia.

No Programa Ação Cidadã, esse ambiente foi, a princípio, planejado como um lugar em que o material das oficinas presenciais pudesse ser disponibilizado e acessado pelos participantes do projeto. Para isso, fizemos uma apresentação do ambiente para todos os participantes, demonstrando os recursos e sua relevância, como acessar e fazer uso dos arquivos, elaborando também uma lista com os nomes, as escolas e os e-mails dos professores.

Verificamos, então, que muitos professores colocaram os endereços eletrônicos de suas escolas, o que nos permitiu inferir que parte dos professores não tinha acesso frequente a computadores e, consequentemente, pouca familiaridade com a tecnologia e com ambientes virtuais de aprendizagem.

Todos os endereços foram cadastrados no Teleduc, mas o *login* e a senha de cada professor foram enviados, automaticamente, pelo programa. Foram também cadastrados no ambiente os professores formadores, as supervisoras da Diretoria de Ensino de Carapicuíba e alguns professores convidados, para que conhecessem mais sobre o projeto, acessando os arquivos elaborados para as oficinas, as atividades e as unidades didáticas preparadas pelos professores, os textos e o material de suporte.

O Teleduc dispõe de inúmeros recursos que permitem que o usuário acesse materiais ali disponibilizados, interaja com outros participantes por meio de fóruns e bate-papos, registre suas reflexões e impressões sobre trabalhos postados, receba *feedback* dos participantes sobre seus trabalhos, tire dúvidas, use o correio e outros. Os recursos do ambiente estão distribuídos de acordo com o perfil de seus usuários: alunos e formadores, e podemos escolher aqueles que serão usados, eliminando os outros do menu lateral. Entre os recursos disponíveis, em nosso ambiente, tanto para alunos como para formadores, destacamos os seguintes:

Agenda

É a página de entrada do ambiente, na qual colocamos os avisos sobre o material novo que foi disponibilizado no ambiente, bilhetinhos incentivando a participação em fóruns recém-abertos, comunicação de eventos e encontros. Importante destacar que, ao elaborar os avisos e recados, tivemos o cuidado de usar termos, construções e escolhas lexicais que incentivassem a participação e o uso do ambiente, considerando os professores participantes como parceiros no projeto, enfatizando a importância do trabalho colaborativo e do papel de cada um, o que pode ser percebido nas mensagens abaixo:

> *Olá professores,*
>
> *Bem-vindos ao **nosso** ambiente virtual! Este será um espaço para a expansão de conhecimento, troca de informações, interação entre os participantes, enfim, um ambiente de aprendizagem.*
>
> ***Aguardamos a participação de todos.***
>
> *Abraços,*
>
> Equipe PUC

*Olá **professores participantes** do curso: "Leitura nas diferentes áreas",
A oficina sobre Grupos de Apoio já está disponível em: Atividades.
Verifiquem também outros arquivos com atividades preparadas por
professores e **não deixem de participar** do forum sobre o que estamos
aprendendo nesse curso.
Abraços,*
Equipe PUC

Segundo Kerbrat (1996), toda interação se desenvolve em certo quadro relacional, colocando determinadas pessoas que mantêm algum tipo de relação socioafetiva em contato, o que podemos chamar de contexto interacional. Ela aponta como aspectos importantes em uma interação o tipo de distância que se estabelece entre os interlocutores e o grau de polidez. Em uma relação presencial, essa distância é marcada pela postura, pelos gestos e também pela linguagem utilizada, incluindo, aqui, além do nível de formalidade, o timbre de voz e a velocidade da própria fala. Entretanto, em uma relação virtual, pelo que pude analisar os marcadores que vão indicar essa distância limitam-se ao nível de formalidade e aos termos utilizados para discutir o tópico. Ambos podem ou não estabelecer relação de solidariedade entre os interlocutores ou o desejo de instaurá-la. As escolhas lexicais em negrito apontam para a tentativa de diminuir a distância entre os interlocutores, enfatizando a necessidade de participação no ambiente para uma troca maior entre os participantes.

ATIVIDADES, MATERIAL DE APOIO E LEITURAS

Nesse espaço, foram colocados todos os arquivos *power point* preparados para as oficinas, com aspectos teóricos e práticos, além de técnicas de apresentação e informações sobre grupos de apoio. As atividades de leitura e compreensão de texto, assim como as unidades didáticas preparadas pelos professores de diferentes áreas, foram todas disponibilizadas para que pudessem ser utilizadas pelos professores participantes, futuros multiplicadores em suas escolas.

Em Material de Apoio, que é o espaço para as informações úteis relacionadas à temática do curso, subsidiando o desenvolvimento das atividades propostas, os professores tiveram acesso a partes de dissertações de mestrado e textos variados, além de textos com os quais foram elaboradas as atividades das oficinas. Em Leituras, disponibilizamos textos sobre interação virtual e mediação em fóruns para que os professores pudessem conhecer mais o ambiente e perceber a relevância dele.

FÓRUNS DE DISCUSSÃO

O fórum é uma comunicação assíncrona, ou seja, ocorre no mesmo local, porém em momentos diferentes. Os participantes podem ler e escrever as mensagens, interagindo, dessa forma, com os outros participantes, sem a necessidade da presença conjunta no mesmo horário, mantendo-se apenas fixo o local. As interações assíncronas são bastante úteis principalmente quando os indivíduos necessitam de tempo para reflexão ou estudo antes de emitir uma opinião.

Silva (2000) enfatiza que as tecnologias interativas permitem o redimensionamento da mensagem, da emissão e da recepção. Na modalidade comunicacional massiva como rádio, cinema, imprensa e TV, a mensagem é fechada. O emissor é um contador de histórias que atrai o receptor para o seu universo mental, seu imaginário. O receptor limita-se à assimilação passiva ou inquieta, sendo essa separada da emissão. Na modalidade comunicacional interativa, permitida pelas novas tecnologias informativas, há mudança significativa na natureza da mensagem, nos papéis do emissor e receptor. Silva define o emissor como aquele que constrói uma rede, um território a ser explorado e navegado pelo receptor, que se torna um coautor, um utilizador que pode manipular a mensagem.

Abrimos um fórum intitulado "O que estamos aprendendo" com o objetivo de propiciar reflexão sobre o curso, sobre o processo de aprendizagem de cada um e poder transpor para a sala de aula o que estava sendo discutido. A participação nesse fórum foi pequena: três formadoras e quatro supervisoras da Diretoria de Ensino de Carapicuíba. As mensagens abaixo apontam para a relevância do projeto e do instrumento que viabilizou a troca de opiniões a respeito.

> *Comecei a participar dos encontros e nesses três últimos que fui, estou aprendendo muito com vocês e por vocês! Isso é ótimo e a cada encontro fico ansiosa porque sei que vou encontrar pessoas, que como eu e o grupo do qual faço parte, preocupadas em querer formar o aluno que tem diante de si, como um cidadão crítico que merece respeito e consideração. E que é possível chegar a esse objetivo, usando o que temos e o que conhecemos, procurando aprender mais e mais, olhando para a linguagem como algo que leva à conscientização do que se fala, ou seja, do discurso, a partir das diferentes áreas. E isso é um dos melhores aprendizados!* (mensagem de formadora)

> *Estou aprendendo a olhar com outros olhos; quando nos apropriamos de um conhecimento é como uma cortina que quando se abre no espetáculo pode-se participar de todo aquele trabalho; a análise que estamos fazendo*

dos gêneros textuais, o modo de se trabalhar com os alunos, nos coloca diante de uma nova perspectiva-um novo olhar-sobre o aprender e ensinar. Espero que todos os colegas consigam compreender e atuar melhor em seu dia-a-dia como docente (mensagem de supervisora).

Acredito ser inédita a discussão proposta pela parceria PUC-DERC. Surgida na necessidade detectada pelo grupo de supervisores em relação à questão da competência leitora que, conjugada com o entusiasmo da equipe parceira, estamos caminhando e aprendendo, todos, para que o aluno da escola pública possa usufruir melhor qualidade do ensino (mensagem de supervisora).

Embora tenha sido pouco utilizado, é importante destacar que o fórum é um instrumento que favorece a interação, a troca de ideias, o compartilhamento de experiências entre os participantes e, por conseguinte, a expansão do conhecimento. Para que possam fazer uso do instrumento, os professores precisam perceber a relevância dele, refletindo sobre sua participação e as diversas formas de utilização.

BATE-PAPO

O bate-papo é uma ferramenta síncrona, que permite uma conversa em tempo-real entre os professores participantes e os formadores. Os horários de bate-papo com a presença dos formadores são, geralmente, informados na agenda ou por e-mail quando a conversa for restrita a um grupo específico. Usamos esse recurso para dar suporte a duas professoras multiplicadoras, na preparação de oficina na escola na qual trabalham. Embora já tivéssemos tido um encontro presencial com o mesmo objetivo, o instrumento mostrou-se efetivo, visto que, além da otimização do tempo e espaço, pudemos, eu e outra formadora, ao interagir com as professoras, tirar dúvidas e dar sugestões que contribuíram na preparação da oficina e no fortalecimento da autoestima das professoras. Usamos também a sala de bate-papo, logo após a apresentação da oficina, para promover reflexão sobre o evento, dando a oportunidade às professoras de rever a ação, para poder, então, reconstruí-la.

Magalhães (2002) aponta para a necessidade da formação do professor como um profissional reflexivo, para que ele possa estabelecer a relação entre teoria e prática, entre pesquisa e ensino, tornando-se ele mesmo um pesquisador da sala de aula e um profissional que conhece as teorias de aprendizagem, o contexto onde atua e as necessidades de seus alunos. Para que essas transformações ocorram, ainda segundo Magalhães, o professor precisa compreender a sua prática como prática política, ligada a princípios sociais e culturais e que possa contribuir para a transformação da sociedade.

O uso desse recurso foi relevante na medida em que propiciou aos professores a oportunidade de experienciar o ambiente virtual, de repensar a sua prática e de tentar planejar algo semelhante com a participação dos alunos.

O meio virtual, ambiente frio por natureza, principalmente quando pensamos que estamos diante de máquinas, mostrou-se um ambiente propício para a interação e foi possível perceber a máquina como instrumento mediador, humanizando relações, possibilitando a interação de pessoas diferentes, em lugares completamente diversos. Palloff (1999) salienta, em seu trabalho sobre as comunidades virtuais, que, neste ambiente, há mais espaço para o pessoal, até mesmo o emocional. As pessoas, em geral, soltam-se mais virtualmente do que presencialmente. O meio eletrônico favorece uma abertura maior, já que não há a mesma audiência crítica do meio presencial. O contato virtual oferece também vantagens para os mais tímidos e introvertidos que se sentem, de uma certa forma, protegidos pela máquina e mais estimulados a falar sobre sentimentos e emoções.

Correio e Perfil

O correio, no Teleduc, trata-se de um sistema interno, que permite que todos os participantes possam enviar e receber mensagens. No Programa Ação Cidadã, ele foi usado para reforçar os avisos disponibilizados na agenda e também por professores para pedir determinados textos ou uma nova senha para acessar o ambiente.

Já o Perfil constitui-se em um espaço reservado para que cada participante do curso possa se apresentar aos demais de maneira informal, descrevendo suas principais características, além de possibilitar a edição de dados pessoais, o que permite que os participantes possam se conhecer a distância, favorecendo ações de comprometimento entre o grupo. Além disso, propicia a escolha de parceiros para o desenvolvimento de atividades do curso e a formação de grupos de pessoas com interesses em comum.

Dos participantes, apenas três formadoras, cinco supervisoras e três professores elaboraram seus perfis. Embora o número tenha sido pequeno, foi significativo, principalmente, por observarmos o movimento de alguns professores no ambiente, trocando os e-mails de escolas cadastrados no sistema por endereços eletrônicos pessoais, elaborando, em seguida, os perfis.

Portfólio

O Portfólio é um recurso que permite que os participantes do curso armazenem textos e arquivos utilizados e/ou desenvolvidos durante o curso, bem como endereços da internet. Esses dados podem ser particulares, compartilhados apenas com os formadores ou compartilhados com todos os participantes do curso. Cada participante pode ver os demais Portfólios e comentá-los se assim desejar. No Programa Ação Cidadã, o Portfólio foi pouco explorado e utilizado, e apenas um professor enviou seu comentário sobre o curso e seu aproveitamento, o que poderia ter sido colocado no fórum aberto para esse fim. Isso provavelmente aconteceu devido ao pouco conhecimento do ambiente e da falta de divulgação pelos formadores sobre a relevância dos recursos.

A opinião do professor sobre o curso foi compartilhada por uma formadora que teceu comentários sobre sua colocação. Essa interação pode ser observada abaixo:

> *O curso "Ação Cidadã" tem se empreendido com muitas mudanças na minha escola, já que nossos professores demonstraram novas atitudes em relação à leitura e interpretação de textos. Eu particularmente mudei radicalmente as minhas aulas, aplicando essas novas concepções que vão muito além do texto propriamente dito* (opinião de professora sobre o curso postada no Portfólio).
>
> *Muito bom saber que vc vem modificando sua prática pedagógica e a sua forma de trabalhar com textos. Esse é o efeito multiplicador que queremos com o projeto:Leitura nas Diferentes Áreas* (comentário da formadora).

RECURSOS DISPONÍVEIS APENAS PARA FORMADORES

Além dos recursos apresentados acima, como coordenadora do sistema, pude usar outras ferramentas que me permitiram cadastrar todos os participantes, dos quais 130 são professores das escolas de Carapicuíba, 10 são formadores e 23 são convidados.

Recebi os arquivos preparados para as oficinas, as atividades feitas pelos professores e o material de apoio para que pudesse disponibilizá-los no sistema. Além dos materiais, abri fórum, preparei agendas, escrevi avisos, marquei bate-papos, escrevi e-mails para os professores e formadores, respondi a e-mails, os quais eram enviados não apenas pelo sistema, como também para meu endereço pessoal, já que eu o tornei conhecido para os participantes com o objetivo de tirar possíveis dúvidas quanto ao acesso. Os e-mails recebidos, bem como os relatórios de acesso gerados pelo sistema, forneceram dados importantes que apontam para algumas constatações:

- 50% dos professores cadastrados com endereços das escolas alteraram os e-mails das escolas pelos endereços pessoais;
- 30% dos professores cadastrados não conseguiram acessar o sistema devido a problemas com o *login* e a senha e tiveram que ser recadastrados;

- 20% dos professores cadastrados não acessaram o sistema nenhuma vez;
- entre os professores, a média de acesso foi de três vezes;
- dos 23 convidados para acessar o sistema, apenas duas acessaram uma vez e os outros não acessaram nenhuma vez;
- entre os formadores, a média de acessos foi de cinco vezes, embora nem todos tenham acessado o sistema.

Movimento no sistema de atividade e inclusão digital

Uma atividade, conforme discutida por Engeström (1999), não é somente a soma dos elementos que a compõem, mas constitui-se em um sistema próprio, de atividade coletiva, com instrumentos, regras, papéis e estrutura. São indivíduos ou grupos de indivíduos que interagem, fazendo uso de instrumentos, para a transformação de um objeto, com um motivo compartilhado para alcançar determinado resultado, e são essas interações que poderão ser consideradas como um sistema de atividade. Cabe ao pesquisador definir o sistema de atividade, com base nos objetivos da pesquisa e fazendo uso da lente que a teoria da atividade fornece para a investigação e observação do sistema, focando, então, os participantes da atividade, os instrumentos de mediação semiótica que são usados no trabalho, as regras que orientam como eles trabalham, o objeto para o qual os membros dessa comunidade dirigem seu trabalho, a comunidade de onde vêm os participantes, a forma como o trabalho é dividido, os resultados esperados dessa atividade e as possíveis contradições e conflitos presentes no sistema.

As mudanças e os movimentos são processos contínuos em um sistema de atividade, decorrentes de crises e rupturas, que provocam, por sua vez, transformações e inovações no sistema coletivo. Isso pôde ser percebido no sistema em estudo, o Programa Ação Cidadã.

Nesse sistema de atividade, os sujeitos são os formadores, os professores e as supervisoras, que vêm tanto da universidade como das escolas públicas de Carapicuíba e das Diretorias Regionais. O objeto é a formação de grupos de apoio de professores para que possam atuar como multiplicadores no desenvolvimento da competência leitora. Para isso, foram usados diversos instrumentos, entre eles: as oficinas presenciais, as reuniões com as supervisoras das escolas de Carapicuíba, o acompanhamento de professores na preparação das oficinas e também o uso do Teleduc como suporte para professores, lugar onde pudesse ficar o material usado nas oficinas, além de espaço para formação de professores, ajudando-os a refletir sobre sua prática.

Assim, é possível afirmar que o foco de análise de um sistema de atividade pode estar tanto no grupo de pessoas que compartilham, ou não, o mesmo objeto e motivo, como nos instrumentos que são usados e quais deles são utilizados para mediar a trajetória dos sujeitos em direção ao objeto. O sistema de atividade é, dessa forma, uma unidade de análise flexível, que permite a busca de respostas para questionamentos, tais como:

- Quem são os participantes desse sistema?
- Como eles fazem uso dos instrumentos?
- O que pôde ser observado no sistema a partir do uso do novo instrumento?

Quando introduzimos essa ferramenta, pudemos observar alteração na posição dos sujeitos no sistema. Ao perceberem a relevância da ferramenta, alguns professores, que a princípio foram cadastrados com os endereços de suas escolas, pediram para ser recadastrados no sistema, agora com endereços pessoais. Participar de um ambiente virtual, onde é possível encontrar diversos tipos de material, interagir com outras pessoas, tirar dúvidas e expandir conhecimento, possibilitou que esses professores fortalecessem o vínculo com o grupo e com o projeto, passassem a usar mais o computador e começassem a refletir sobre suas práticas pedagógicas, fazendo uma ligação com a tecnologia. O Teleduc, além de ferramenta de apoio, foi um instrumento que possibilitou a inclusão digital dos professores, aproximando-os mais da tecnologia e permitindo-lhes fazer uso dessa tecnologia para o seu desenvolvimento pessoal e profissional.

Os computadores e a tecnologia chegaram nas escolas, sem que os professores tivessem sido preparados para recebê-los e incorporá-los em sua rotina pedagógica. A resistência dos professores quanto ao uso da ferramenta ainda existe, embora muito já se tenha caminhado e avançado nesse terreno, com inúmeras pesquisas e programas de formação, os quais objetivam promover o uso da tecnologia em educação. Vivenciar uma experiência virtual, participando de uma plataforma como o Teleduc, colaborou para que os professores pudessem perceber a relevância desse ambiente e o quanto é permitido o acesso à informação, a outras pessoas, a novas ideias, ampliando a sua visão de mundo e expandindo a sala de aula para além dos muros da escola.

Embora tímido, o movimento pôde ser percebido no sistema, o que aponta para a necessidade de uma investigação maior, em um trabalho futuro, do uso do Teleduc, não mais como um instrumento, mas como um sistema de atividade. Ademais, é importante enfatizar a relevância desse ambiente virtual de aprendizagem como um espaço possível de formação de professores, ampliando a ação dos formadores e quebrando barreiras de tempo e lugar.

Referências

DANIELS, H. *Vygotsky e a pedagogia*. São Paulo: Edições Loyola, 2003.

ENGESTRÖM, Y.; MIETTEINEN, R. Introduction. In: ENGESTRÖM, Y.; MIETTEINEN, R.; PUNAMKI, R. L. (Eds.) *Perspectives on activity theory*, Cambridge: Cambridge University Press, 1999.

KERBRAT-ORECCHIONI, C. *Les interactions verbales*. Paris: Colin, v. 2, 1992.

MAGALHÃES, M. C. C. O professor de línguas como pesquisador de sua ação: a pesquisa colaborativa. In: GIMENEZ, T. (Org). *Trajetórias na formação de professores de línguas*. Londrina. PR: Editora UEL, 2002.

PALLOF, R. M.; PRATT, K. *Building learning communities in cyberspace: Effective Strategies for the Online Classroom*. Jossey Bass Publishers, 1999.

PARRILA, A.; DANEIS, H. *Criação e desenvolvimento de grupos de apoio entre professores*. Tradução de Glória Cortes Abdalla e Rodrigo Esteves de Lima Lopes. São Paulo: Edições Loyola, 1998/2004.

SILVA, M. *Sala de aula interativa*. Rio de Janeiro: Quartet, 2000.

Aprendizagem do adulto: contribuições para a construção de uma didática *on-line*[1]

Adriana Rocha Bruno

A cibercultura amplia cotidianamente as possibilidades de interação por meio das Tecnologias de Informação e Comunicação (TICs), reconfigurando os espaços e os ambientes de formação humana. O uso das tecnologias na área educacional não é novidade, tampouco os cursos oferecidos pela modalidade "a distância", mas sim as mudanças advindas da sociedade cibercultural, cujos aparatos tecnológicos e os recursos midiáticos alteram nossa estrutura de pensamento, de relacionamento e, por conseguinte, de aprendizagem. Os meios digitais redimensionam as práticas educacionais e exigem dos sujeitos cognoscentes nova postura em relação ao processo de aprender, bem como de todos os envolvidos nesse processo. Nesse cenário, a formação profissional assume diversos formatos, incorporando as tecnologias ao seu contexto educacional para aprendizagens contextualizadas. Em tempos de cibercultura, modalidades híbridas tomam corpo, refletindo as necessidades do homem pós-moderno e, por meio delas, a convergência das mídias para o desenvolvimento de uma educação *on-line* se faz presente.

A educação *on-line* é uma modalidade de educação que pode ser vivenciada ou exercitada tanto para potencializar situações de aprendizagem mediadas por encontros presenciais, quanto a distância, caso os sujeitos do processo não possam ou não queiram

---

[1] O presente artigo foi gestado com base nos estudos realizados pela pesquisadora em seu doutorado (2007); o teor das ideias aqui apresentadas constam nos textos apresentados no Painel intitulado Desenho Didático em Educação *on-line*, publicado nos anais do XIV ENDIPE (Encontro Nacional de Didática e Prática do Ensino): Trajetórias e processos de ensinar e aprender – lugares, memórias e culturas. Porto Alegre: PUC/RS, 27 a 30 de abril de 2008, e no III Congresso Mundial de Estilos de Aprendizaje, em Cáceres-Espanha – de 7 a 9 de julho de 2008, publicado nos Anais do referido congresso.

se encontrar face a face; ou ainda híbridos onde os encontros presenciais podem ser combinados com encontros mediados por tecnologias telemáticas. (SANTOS, 2006, p. 125)

Entre as características dessa modalidade, está a relação espaço-temporal que traz outra dimensão para os processos de ensino e de aprendizagem, uma vez que propõe a comunicação e a interação de todos os envolvidos em tempos e espaços diferenciados. Tal condição apresenta outras tantas variáveis, como: o contexto, a faixa etária do aluno nesses ambientes (jovens e adultos), o domínio tecnológico de educadores e alunos, as tecnologias utilizadas para o desenvolvimento e para a implementação de cursos, as abordagens, a concepção curricular e as metodologias escolhidas para a aprendizagem, a formação de equipes multidisciplinares para gestão, a formação e o suporte técnico, o desenvolvimento de conteúdo e material didático adequado à proposta pedagógica do curso e às plataformas, ambientes e ferramentas tecnológicas, etc. Todos esses aspectos estão diretamente ligados às relações e ações didáticas, compreendendo-as em suas dimensões sistêmica e comunicacional e permeando todo o processo de ensino e de aprendizagem. Tais dimensões se refletem na Didática construída nos cursos realizados em ambientes digitais de aprendizagem.

O presente artigo, gestado a partir da pesquisa desenvolvida em nível de doutoramento pela PUCSP, por meio de um recorte na área da Didática, busca encaminhamentos para a problemática: as contribuições da Didática para se pensar na formação de adultos que promova a aprendizagem por meio da Educação *on-line*. Para tanto, busca dois enfoques de sustentação para o que chamamos de Didática *on-line*: a aprendizagem do adulto, baseando-se em estudos realizados na interseção das áreas da Educação, Psicologia da Educação e Neurociência Cognitiva (DAMÁSIO, 2000, 2004; DEL NERO, 1997; KOLB, 1984; LEDOUX, 1998; LOMBROSO, 2004; LUDOJOSKI, 1972; PLACCO & SOUZA ??(data), entre outros), e na mediação pedagógica em ambientes *on-line*, subsidiado na área da Didática (TORRE, 1993; MALLART, 2001; PIMENTA & ANASTASIOU, 2002; PETERS, 2003; SANTOS, 2006; VALENTE, 2003, entre outros).

A Didática on-line e a aprendizagem do adulto

A Didática, como área interdisciplinar, dedica-se tanto ao estudo dos fundamentos e das concepções de aprendizagem quanto às metodologias emergentes para a aprendizagem em contextos específicos. A Didática *on-line,* sob os pressupostos de Pimenta e Anastasiou (2002), de Torre (1993) e de Peters (2003), entre outros, propõe ação fundamentada que reúna conhecimentos de diversas áreas, integrando-os segundo uma intencionalidade político-ideológica.

É notória a relação intensa da Didática com um dos seus objetos de estudo: o ensino. Como o foco principal de todo curso deve ser a aprendizagem, a criação de práticas que busquem estratégias diversas para as ações de ensinar (ação didática) recebem especial atenção. A Didática *on-line* abarca os processos de formação das relações humanas em ambientes digitais que são co-construídas por meio das relações didáticas, ou seja, relações entre os sujeitos (ou atores) sociais envolvidos no processo educativo: educador e educando. Tais relações decorrem de processos interativos e dialéticos, alicerçados no que podemos chamar de *comunicação didática* ou, para Torre (1993) e Mallart (2001), *interação comunicativa*.

Muitos educadores buscam nessa área modelos prontos para a ação de ensinar. Também sabemos que modelos, na qualidade de receitas que garantam determinado resultado na aprendizagem, não existem. No entanto, alguns caminhos podem ser propostos para levar os ensinantes a refletir sobre sua prática pedagógica e a encontrar outros percursos. Alguns encaminhamentos, coconstruídos ao longo das pesquisas desenvolvidas e da experiência como docente e gestora de cursos em ambientes de aprendizagem *on-line*, serão apresentados ao longo deste texto, mas adianto que as propostas materializadas nos ambientes digitais por meio de estratégias didáticas podem não corresponder às utilizadas na mediação, uma vez que nem sempre a estratégia apresentada num curso é efetivamente assumida pelo professor em sua ação didática com os alunos. Desse modo, podemos ter uma estratégia proposta e outra praticada. Tenho percebido que esse aspecto pode ocorrer com facilidade em cursos via *on-line* em que as estratégias didáticas são predeterminadas e apresentadas aos professores para que as coloquem em prática, sem que haja a participação dos docentes (mediadores) nos processos de concepção e desenvolvimento do curso.

Falar de aprendizagem em ambientes de aprendizagem *on-line* significa pensar no sujeito aprendente, que, nesse caso é, em sua maioria, o adulto. Mas como se dá a aprendizagem desse sujeito? Ela é um processo de transformação pela experiência que resulta na construção do conhecimento que, para David Kolb, decorre da "transação entre o conhecimento pessoal e conhecimento social" (KOLB, 1984, p. 36). *Transação* é a expressão que vem substituir de forma mais verossímil o que usualmente compreendemos por interação, pois, para Kolb (1984, p. 36), a *interação* requer a continuidade de entidades separadas, enquanto a *transação* viabiliza o entrelaçamento de seres que promoverão uma terceira entidade ou situação. Compreendendo o processo de aprendizagem como troca entre o *ser* e o *meio*, do qual decorrem transformações em todos os sentidos, tal processo deve se dar por transações consecutivas. Tais transações, mesmo respeitando as especificidades de cada parte envolvida, promoverão o nascimento de um terceiro elemento ou situação, ou "entidade", nas palavras de Kolb.

> A aprendizagem não é um aspecto isolado de uma área humana de funcionamento especializado, tal como a cognição e a percepção. Envolve o funcionamento integral de um organismo total – pensamento, sentimento, percepção e comportamento. (KOLB, 1984, p. 31)

Essa compreensão evidencia o que chamaremos de *plasticidade humana*, condição que integra todos os aspectos da vida do indivíduo. O conceito emergiu com base nos estudos sobre neurociência e neuropsicologia e está intrinsecamente ligado à aprendizagem e à didática, pensada para a educação do adulto em ambientes *on-line*. De acordo com Lombroso (2004):

> Uma série de achados críticos mostrou que o aprendizado necessita de alterações morfológicas em pontos especializados dos contatos neuronais, as sinapses. Estas se alteram com o aprendizado - novas sinapses são formadas e antigas se fortalecem. Esse fenômeno, denominado plasticidade sináptica, é observado em todas as regiões do cérebro.

Os estudos atuais na área da neurociência chamam a atenção para o caráter sistêmico do cérebro humano e destacam que, apesar das "funções" atribuídas a cada um dos lobos cerebrais (INSTITUTO GULBENKIAN DE CIÊNCIA, 2004; CARTER, 2003), é incontestável a sua interdependência e interconexão. A mente humana é a expressão de um conjunto de funções cerebrais. Por seu caráter subjetivo, não há localização específica, já que decorre de uma série de conexões sistêmicas. Segundo Del Nero (1997), entre suas funções estão a da consciência, a da vontade, a do pensamento, a da emoção, a da memória, a do aprendizado, a da imagem, a da criatividade e a da intuição. A plasticidade cerebral é fato e indica que a possibilidade de novas conexões celulares ao longo de nossa existência é extraordinária. Quanto mais rico for o ambiente, de modo a estimular atividades mentais, maior será o impacto sobre as capacidades cognitivas. O processo de aprendizagem é integrado, como será tratado adiante, e diversos componentes são fundamentais para que a aprendizagem ocorra satisfatoriamente, tais como a memória e os estados afetivos. Esses elementos, que não são únicos nem os mais importantes, estão totalmente implicados às relações dos sujeitos com o meio, e essa relação não se dá de dentro para fora ou de fora para dentro, mas pelos movimentos dialéticos e dialógicos, nas duas direções e em formato espiralado. Tais questões são muito debatidas nos ambientes educacionais.

Partindo desses estudos e refletindo sobre a aprendizagem do adulto, percebi o quanto as Ciências atuais, e neste caso a Neurociência e a Neuropsicologia, apresentam estudos sobre a plasticidade do nosso organismo e sua condição sistêmica, interdependente e integrada. Na área educacional e pontualmente na área da Didática, pesquisadores mostram a necessidade de articulação e de interação de saberes para a produção do conhecimento, pautadas pelas relações dialógicas dos sujeitos com o meio. Desse modo, concluímos que não há possibilidade de desenvolvermos a aprendizagem humana sem considerarmos que somos seres plásticos e que essa plasticidade deve ser assumida não apenas por neurocientistas e neuropsicólogos, mas pelos educadores. Placco e Souza (2006, p. 19) apresentam quatro características importantes na aprendizagem do adulto:

– a experiência: *ponto de partida e de chegada da aprendizagem*, é por meio das relações advindas de experiências que envolvem a ação de conhecer e a possibilidade de escolha que o conhecimento se torna significativo.

– o significativo: "envolve interação de significados cognitivos e afetivos. O que foi aprendido tem que fazer sentido para o sujeito, no contexto de suas aprendizagens e de seus conhecimentos e, ao mesmo tempo, mobilizar interesses, motivos e expectativas".

– o proposital: é a meta a ser atingida, o que o estimula, o impulsiona; são os desafios a serem superados.

– a deliberação: aprender decorre de uma escolha deliberada de participar ou não de dado processo.

Os estudos sobre a aprendizagem de adultos apresentados por Kolb (1984) compreendem-na como um processo em que o conhecimento produzido se dá pela transformação da experiência. Tais estudos estão diretamente ligados aos propósitos da Didática *on-line*. Para Kolb (*Ibid.*), a fase pós-formal (citando a estágio formal de Piaget) pode ser dividida em *Especialização* e *Integração*. Tais níveis de aprendizagem do adulto podem ser associados às fases de *heteronomia* e *autonomia* de Piaget (1994, 1978), a saber:

– Especialização: o adulto efetua escolhas de ordem pessoal e profissional, associadas às demandas do ambiente e pode permanecer nesta fase indefinidamente, motivado pelas recompensas do meio. O forte apelo da sociedade atual, globalizada e neoliberal, com incentivo ao consumismo exacerbado e a informações em quantidade extrema, reflexo da chamada indústria cultural (ADORNO, 1992), promove a imersão e a permanência dos sujeitos sociais nesta fase. Este nível pode ser equiparado ao que Piaget chamou de *heteronomia*, em que a consciência da existência do outro e da relação de autoridade deve ser assumida pelo indivíduo como forma de descentralização da consciência no eu. Esta fase é fundamental por oferecer condições necessárias ao indivíduo para que passe para a próxima e última fase, a *autonomia*. Nossa sociedade e, em especial, os modelos adotados nos cursos de formação ainda privilegiam a heteroformação, fazendo com que os sujeitos permaneçam tempo maior nesta fase.

– *Integração*: a partir de conflitos gerados na fase de especialização, o adulto ingressa neste nível. É uma fase de intensa *transação* com o mundo, em que o sujeito integra diversos modos de aprendizagem por meio da complexidade, flexibilidade e diferenciação. Há uma retomada de consciência, e novas necessidades emergem, não mais ditadas pelo meio, mas pela experiência. A palavra de ordem é o equilíbrio, não a passividade. A autonomia em Piaget, compreendida como a "independência da vontade e capacidade de determinar-se com uma lei própria" (TROCMÉ-FABRE, 2004, p. 18), em sua relação com a ontonomia, gestão da existência, pode ser associada a este nível de aprendizagem por promover a autoconsciência por meio da cooperação. Infelizmente notamos que o apelo de nossa sociedade inibe a imersão de grande parte dos adultos nesta fase e notamos que os cursos de formação, embora insiram em seus programas curriculares o desenvolvimento da autonomia, ainda se sujeitam às regras de manipulação social, contribuindo para a manutenção da fase de especialização.

Entendo que esses dois níveis são integrados no adulto e, quando ele se incorpora à fase de integração, como o termo indica, não há o desaparecimento da fase de especialização, mas sim seu imbricamento, seu redimensionamento e ressignificação. Ser um sujeito integrado significa articular todos os processos desenvolvidos por meio das relações dialógicas do adulto com o mundo social e cultural. Ser um adulto integrado significa compreender sua aprendizagem como integradora.

Naturalmente, baseamo-nos em referências pessoais e sociais para aprendermos. As referências nos possibilitam fazer associações, compreender melhor o mundo; dele nos apropriarmos e interferirmos. No processo de aprendizagem do adulto, são as experiências vividas, ancoradas pelo referencial histórico construído e pelas inter-relações com o meio, que nos permitem incorporar, reformular e criticar conceitos, associá-los e colocá-los em prática. Algumas aprendizagens já foram incorporadas por nós (PETERS, 2003), como aprender a ler textos pela via impressa, por imagens, pela audição, por meio de entrevistas, filmes, palestras, através de relações interpessoais, enfim, atuar e trabalhar com símbolos que emergem da e na cultura. O desenvolvimento tecnológico fez com que desenvolvêssemos outras habilidades para aprendizagem, permitindo-nos sair da linearidade, que nos aprisionou durante tanto tempo, para vislumbrar o "caos" da não linearidade, que vem ao encontro da forma como pensamos, criamos e aprendemos.

Os mecanismos utilizados em ambientes não presenciais, apesar de contarem com elementos familiares, não ocorrem necessariamente da mesma maneira que os presenciais, já que suscitam a apropriação de ferramentas cuja estrutura envolve autonomia de fato para aprendizagem integradora, destacando a presença de mediadores nesse processo. Libertarmo-nos plenamente das amarras do presencial seria inviável, além de contrassenso, uma vez que representaria negar nosso processo de aprendizagem que se fundamenta na historicidade social e individual. Assim, a didática proposta para os cursos em ambientes *on-line*, a escolha de abordagens e estratégias revelam nossas crenças, as formas com que compreendemos o processo educacional e dele nos dispomos, as ideologias, e especialmente que adulto estamos formando ou desejamos formar.

Abordagens pedagógicas para uma Didática on-line

A Didática *on-line* se depara, ainda hoje, com um aspecto interessante: superar as dificuldades da distância física. Pautado num paradigma em que a presencialidade é fundamental para a aprendizagem, vivemos o conflito provocado por essa crença, fundamentado em referências passadas. De fato, diversos estudos (Silva; Santos, 2006; Filatro, 2004; Peters, 2003; Silva, 2003; Palloff; Pratt, 2002; Moraes, 2002; Belloni, 2001) apontam para a necessidade de modelos híbridos de educação a distância, em que coexistam possibilidades diversas para o ensino e a aprendizagem do adulto e que rompam com o paradigma da presencialidade como possibilidade única para a aprendizagem.

Prado e Valente (2002) e Valente e Silva (2003) nos apresentam três abordagens para educação a distância que, por um lado, ratificam a reprodução da presencialidade, tendo em vista as nossas referências e, por outro, indicam caminhos para uma possível mudança.

As abordagens *broadcast* e *virtualização da sala de aula tradicional* derivam do modelo tradicional, no qual a tecnologia é utilizada para "entregar a informação ao aluno" (Prado; Valente, 2002, p. 29). Nesses dois modelos, a interação é irrelevante, sendo que, na abordagem *broadcast,* se privilegia a interatividade (relação aluno-máquina) e não há interação (troca entre os sujeitos). Nessa abordagem, valorizada pelo baixo custo em relação às demais e muito difundida na área corporativa e atualmente em alguns contextos educacionais, há grande investimento em material instrucional, de modo que o aluno possa se autoinstruir, bem como nos recursos técnicos dos ambientes telemáticos adotados.

A diferença primordial da abordagem *broadcast* para a virtualização da sala de aula presencial se encontra na baixa interação (uso de e-mails ou listas de discussão), tendo como ponto de referência o ensino centralizado no professor. Por fim, temos a abordagem "estar junto virtual", que "permite múltiplas interações no sentido de acompanhar, assessorar, intervir e orientar o professor em formação em diversas situações de aprendizagem" (PRADO; VALENTE, 2002, p. 45), de modo que o professor se assegure de "que o aluno está construindo novos conhecimentos, em uma verdadeira espiral de aprendizagem" (VALENTE; SILVA, 2003, p. 491). Considerada qualitativamente ideal para o desenvolvimento dos processos de ensino e de aprendizagem, tem como aspecto dificultador o alto custo de sua implementação, uma vez que necessita de investimento em profissionais capacitados para a mediação e a interação com os alunos. Diversos cursos *on-line* têm descartado a adoção dessa abordagem, buscando na *virtualização da sala de aula tradicional* (videoaulas, videoconferências, objetos de aprendizagem, personagens e avatares, etc.) uma forma de atenuar tais dificuldades.

O investimento para uma formação de qualidade é alto. Vale lembrar que a Educação a Distância (EaD), historicamente, já foi vista como uma educação de segunda categoria, reflexo do tecnicismo, baseada no modelo fordista, com ênfase na reprodução e na produção em massa. O desenvolvimento tecnológico promoveu outro *status* para a EaD, e a escolha de uma abordagem "mais barata", que atenda a uma grande demanda de estudantes e que priorize a quantidade no lugar da qualidade, coloca em risco a qualidade do curso e, consequentemente, reflete significativamente na aprendizagem. Tudo isso pode nos levar aos mesmos equívocos do passado e mais uma vez sucatearmos essa área.

O uso de recursos diversos e o desenvolvimento de plataformas que suportem integração multimidiática não assegura a aprendizagem. Todas as ferramentas tecnológicas devem refletir coerência didático-pedagógica. A abordagem *estar junto virtual* propõe situações em que a relação entre professor-aluno e aluno-alunos deve ser coconstruída por via do acompanhamento, da intervenção, da orientação, da colaboração e da integração, objetivando a aprendizagem. Esses aspectos são fulcrais para um desenho didático convergente com a aprendizagem do adulto e interferem em dois outros elementos fundamentais da Educação *on-line*: a interação e a mediação.

A mediação partilhada: emergências do processo de interação

Relacionamento, comunicação e contexto são pressupostos essenciais para a interação humana. Falamos em interação por considerarmos que a ideia de transação proposta por Kolb (1984) requer a imersão na fase da aprendizagem, por ele denominada de *integração*. Desse modo, o conceito de interação *on-line* deve ter o objetivo de criar situações para que o adulto educador não se acomode na fase de especialização. É um grande desafio, já que o apelo da sociedade contemporânera bombardeia os cidadãos com informações em quantidade extrema e de qualidade duvidosa, fruto de uma indústria cultural (ADORNO, 1992), o que reforça positivamente a imersão e a permanência dos sujeitos sociais nessa fase. A interação, como convite ao movimento e à ação entre os seres humanos, não pode prescindir do diálogo como fator de promoção do encontro com o outro. Tal encontro, neste sentido, revela o encontro consigo mesmo e com sua completude. O diálogo vai além da simples troca mediada pela linguagem, visto que procura, na integração com o outro, o nosso outro Eu. Nesse sentido, a interação pretendida em ambientes *on-line* se aproxima do conceito de transação (KOLB, 1984).

Postulamos que a interação *on-line* deve promover o entrelaçamento dos sujeitos aprendentes para que um novo conhecimento se constitua, um terceiro elemento emerja e, por conseguinte, faça-se uma mudança significativa nos sujeitos, rumo à fase de integração. Os estudos desenvolvidos revelam a interdependência entre interação *on-line* e mediação pedagógica.

No processo de mediação pedagógica, os papéis de professor e de alunos podem se fundir para se autoconstruírem, na medida em que se auto-organizam à luz das aprendizagens emergentes. Dessa relação se constituem parcerias, nas quais todos aprendem a trabalhar colaborativamente. Nos ambientes de aprendizagem *on-line,* a colaboração e a parceria são fundamentais, o que nos incita a buscar formas cada vez mais ousadas de mediação. Nessa direção, proponho a *mediação partilhada,* que traz a possibilidade de materialização da parceria entre professor e alunos. Sem perder de vista a especificidade do papel que cada um dos atores possui no processo de aprendizagem, esse tipo de mediação abre espaço para que a produção do conhecimento seja coconstruída e o processo de mediação possa ser assumido por um parceiro (aluno) que tenha condições para fazê-lo numa situação específica.

Temos percebido, nos cursos desenvolvidos em ambientes *on-line*, a participação ativa de alunos que assumem o que eu chamaria de "regência" emergente. Esse fato decorre de uma interação com seus pares na qual, em circunstâncias pontuais, um ou mais alunos "tomam as rédeas" de uma discussão e assumem a mediação. Nesse momento, a mediação passa a ser partilhada com o professor que, desta forma, se transforma no mediador dessa mediação. Tal proposta demanda amadurecimento do grupo e descentralização do poder do professor. O educador é aquele que se autoforma em busca da sua autonomia e da autonomia do grupo de alunos. A mediação partilhada, por todos os aspectos destacados, pode contribuir para a formação de uma comunidade de aprendizagem, por exemplo, uma vez que todos os envolvidos tornam-se sujeitos aprendentes. A participação do mediador e de suas ponderações são sempre intencionais e, por isso, por mais que esteja envolvido com as construções, reflexões e regências emergentes, ele não deve perder de vista sua função no grupo e manter-se atento aos movimentos do grupo. Essa atenção se estende tanto aos que participam ativamente quanto aos que se apresentam mais modestamente em suas inserções.

> O líder promove, ao longo do tempo, um ambiente em que os integrantes possam se conhecer e se dar a conhecer, na diversidade de seus posicionamentos e valores. A escuta e valorização das contribuições de cada um facilitam a disseminação de ideias, o fortalecimento dos vínculos e a apropriação das memórias e dos saberes individuais, que vão tecendo a história e a identidade grupal, num revezamento de lideranças e responsabilidades. (PLACCO & SOUZA, 2006, p. 84-5)

Placco e Souza mostram que a emergência de lideranças é intencionalmente trabalhada pelo mediador. Esse processo favorece o desenvolvimento da autonomia, da imersão na fase integradora e, consequentemente, do desencadeamento de situações de aprendizagem convergentes que promoverão situações na mesma medida.

A Didática on-line e a aprendizagem integradora: socializando dados com base em um curso de formação de educadores

Apresentamos alguns dados resultantes da pesquisa recentemente realizada valendo-se da análise de um curso de formação de educadores, via ambientes de aprendizagem *on-line*. O tratamento dos dados fez eclodir categorias de análise (GRAF. 1) e elementos tanto para a construção de uma Didática *on-line*, como também para uma ampliação de nossa compreensão sobre o processo de aprendizagem do adulto, rumo a uma aprendizagem integradora.

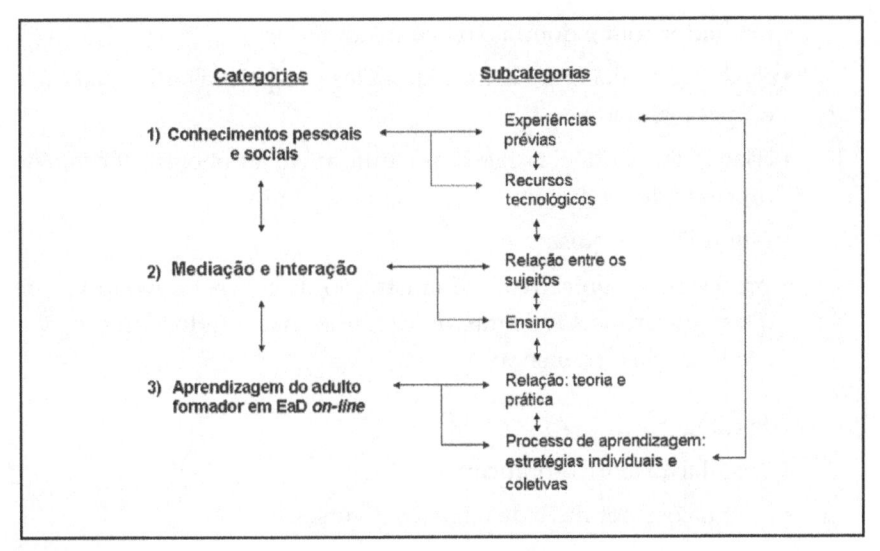

```
        Categorias                    Subcategorias

1) Conhecimentos pessoais  ←──┬──→  Experiências   ←──┐
   e sociais                  │     prévias            │
                              │      ↕                 │
        ↕                     └──→  Recursos           │
                                    tecnológicos       │
                                     ↕                 │
2) Mediação e interação   ←───┬──→  Relação entre os   │
                              │     sujeitos           │
        ↕                     │      ↕                 │
                              └──→  Ensino             │
                                     ↕                 │
3) Aprendizagem do adulto ←───┬──→  Relação: teoria e  │
   formador em EaD on-line    │     prática            │
                              │      ↕                 │
                              └──→  Processo de aprendizagem:
                                    estratégias individuais e ←─┘
                                    coletivas
```

Gráfico 1

Destacamos algumas das necessidades fundamentais para a formação do adulto educador, via Educação *on-line*, para uma aprendizagem integradora:

a) da categoria 1:

- estratégias diversificadas baseando-se no contexto do educador;
- intimização da relação professor e alunos;
- familiaridade tecnológica e superação das dificuldades técnicas e tecnológicas;
- uso ambientes de aprendizagem *on-line* amigáveis;
- superação das falhas de comunicação;
- coerência entre: recursos tecnológicos e a proposta do curso;
- investimento no desenvolvimento da autonomia dos alunos;
- promoção da passagem da fase de especialização para a de integração.

b) da categoria 2:

- relação interativa, favorecida pela mediação partilhada que considere a plasticidade humana;
- administração de conflitos – promoção de parcerias;
- linguagem emocional que considere a pluralidade das linguagens emergentes;
- valorização e incentivo às produções individuais e coletivas;

- mediador com o domínio do conteúdo;
- construção colaborativa: troca de ideias e respeito à individualidade e à pessoalidade;
- criação de estratégias coletivas e estímulo à autonomia docente no processo de mediação;
- estímulo à pesquisa;
- processo comunicativo: administração do tempo, devolutivas de questões, propostas de interação, clareza nas interlocuções, gerenciamento de ferramentas.

c) da categoria 3:
- articulação teórico-prática;
- orientações por meio de recursos diversos;
- respeito ao contexto / conhecimentos prévios;
- o material didático e as estratégias ➔ apreciados pelos participantes;
- o mimetismo favorecendo a transformação, e não ser mera reprodução;
- coerência entre a proposta do curso e as suas concepções;
- aprendizagem experiencial divergente (KOLB, 1984) valorizada: habilidade criativa centrada na observação e na sensibilidade, estímulo e emergência do trabalho em grupo;
- relação entre a aprendizagem e a avaliação: durante o processo de aprendizagem e com a participação do aluno;
- necessidade de aprender e de ensinar a usar tutoriais;
- exploração e navegação por ambientes na rede ➔ domínio tecnológico deve buscar a autonomia;
- estímulo à leitura e escrita em cursos de Educação *on-line*.

A análise e a interpretação dos dados indicaram que o curso enfatizou a fase de especialização do adulto no processo de formação:
- os conflitos não foram ampliados para reflexão de ordem existencial, crítica, social;
- deve-se buscar atividades que extrapolem o curso – busca da autonomia;
- atividades promoveram a apreensão conceitual e facilitaram a produção textual ➔ estímulo à pesquisa e à análise crítica dos

conteúdos propostos para além do curso e com base na experiência do aluno;

- o conhecimento do contexto e os conhecimentos prévios não devem se limitar a aspectos pessoais apresentados;
- processo de mediação: considerar a pessoalidade e o conhecimento específico do profissional docente ➔ participação no processo de concepção dos cursos;
- o uso de manuais de curso ➔ não transformar em cartilhas – trabalhar com as emergências, construir coletivamente;
- profissionais devem ter aderência à área temática;
- promover a formação de redes abertas ➔ exercício do seu poder de escolha.

Os mecanismos para aprendizagem em ambientes não presenciais, apesar de contarem com elementos familiares, não ocorrem da mesma maneira que os presenciais. Libertarmo-nos plenamente das amarras do presencial seria inviável e também um contrassenso, uma vez que nosso processo de aprendizagem se fundamenta na historicidade social e individual. Assim, a escolha de abordagens e estratégias deve favorecer a aprendizagem dos sujeitos para os quais se destina o ensino, presencial ou a distância.

Algumas considerações: caminhos possíveis

Alguns encaminhamentos podem ser propostos. Sabemos que não se esgotam as possibilidades para a realização de cursos *on-line*. Destaco os elementos a seguir por serem recorrentes nas pesquisas desenvolvidas e virem ao encontro dos pressupostos apresentados neste artigo. Inicio a partir dos elementos fundamentais para a aprendizagem do adulto:

1) considerar sua historicidade – conhecer o contexto: cultura, afetividade, interesses sociais, políticos, ideológicos, educacionais etc.;

2) criar situações de aprendizagem:

– que sejam prospectivas;

– que emerjam do seu cotidiano e possam ser confrontadas com outras realidades (visão expandida do mundo);

– que envolvam o trânsito do raciocínio abstrato para resoluções de ordem prática;

– que sejam problematizadoras: de causalidade e soluções múltiplas: promovam a consciência de paradoxos ante os problemas emergentes, que nelas o adulto possa tomar decisões, fazer escolhas conscientes e analisar a necessidade de orientar e dominar seus impulsos e suas tendências para tomada de decisões;

– que integrem a teoria e a prática, abrindo possibilidades de orientações para a mudança (experiência e sua transformação);

– que façam o aluno interpretar, dirigir e administrar os processos de aprendizagem individuais e coletivos, ao longo de toda a vida;

– que despertem e instiguem sua criticidade e sua criatividade;

– que envolvam o funcionamento integral do organismo – pensamento, sentimento, percepção e comportamento, integrando significados cognitivos e afetivos;

– que considerem a plasticidade humana e provoquem e estimulem a passagem da fase de especialização para a de integração.

Possibilidades estratégicas para uma Didática *on-line*

Como não é minha intenção oferecer métodos ou receitas, serão apresentadas contribuições para a aprendizagem do adulto em Educação *on-line*, coconstruídas ao longo da pesquisa, citada no início deste texto e da experiência como docente.

Estratégias de colaboração/comunicação

- Contextualização: conhecer o contexto e os conhecimentos prévios dos alunos. Compreender que o contexto poderá suscitar alterações na dinâmica do curso;
- Acolhimento: criar espaços de intimização e vínculo nas relações entre os atores sociais;
- Organização do tempo: compreender que a aprendizagem se dá na convergência dos tempos cronológico (tempo do relógio) e kairológico (tempo vivido, da experiência). Buscar nessa integração a administração do tempo individual e do tempo coletivo, pelo estabelecimento de prioridades e disponibilidades;
- Prática da investigação: desenvolver o olhar e a atitude investigativa e plantar possibilidades de formação autônoma de comunidades de pesquisa;
- Atividades individuais e coletivas: valorizar a produção individual e a coletiva, na mesma medida e, com isso, desconstruir a ideia de alunos tarefeiros;

- Produções colaborativas: utilizar ferramentas de interação para a construção de parcerias e a produção coletiva do conhecimento;
- Recursos de interação: buscar na mediação partilhada os caminhos para o trabalho colaborativo. Não se deve pensar que todos sabem trabalhar coletivamente. Formar comunidades é uma aprendizagem a ser desenvolvida;
- Autonomia/Integração: criar possibilidades de imersão na rede, promovendo a pesquisa em *sites*, criação de *blogs*, uso de *wikis*, produção e consumo de vídeos, de *vlogs*, de *fotologs*, etc., como recursos para desenvolver autonomia na web.

Estratégias de organização

- Clareza nos objetivos, na proposta e dinâmica do curso, no sistema de avaliação. Todos esses itens devem ser retomados durante e ao término de cada unidade temática trabalhada. Fazer uso das ferramentas de modo que todos os participantes tenham acesso às informações e não se sintam perdidos;
- Organização das informações: dosar a disponibilização de informações. O mesmo em relação ao material didático (impresso, vídeos, digitais, hipertextuais, etc.). Não sucatear/banalizar o conhecimento, evitando excesso de conteúdo;
- Letramento digital: domínio tecnológico, navegabilidade, espacialidade, etc. Associado aos aspectos tecnológicos, este item também é corresponsável pelo desenvolvimento do pensamento e de atitudes críticas dos atores sociais no curso. O mote está na transformação de olhares e muitas vezes isso pode significar transgredir;
- Participação: esclarecer o que se espera de cada um e abrir espaço para que todos socializem suas expectativas;
- Encontros presenciais: devem ser previstos. É o momento em que "medimos a temperatura" do curso, gerando bons indicadores para sua continuidade. Deve ser realizado no início e ou no meio do curso.

A aprendizagem do adulto deve buscar, por meio dos movimentos de transação, atingir a fase de integração, uma vez que é com base nela que nos tornamos plenos em nossa autonomia e ontonomia e nos conscientizamos da plasticidade no ato de aprender. Precisamos, pois, de ações didáticas também conscientes dessa plasticidade, que percebam a aprendizagem como um processo plástico, sistêmico, complexo e sobretudo pessoal, mas nunca solitário.

Os cursos que se utilizam da Educação *on-line* precisam contemplar uma didática que promova estratégias de conexão crítica com o mundo, criando também circunstâncias de exploração em espaços de interação, para além dos cursos. Estratégias didáticas rumo à fase integradora, por meio da revisão de atividades e propostas que estimulem a manutenção e a permanência na fase de especialização, já que podem ocultar posturas condutivistas, de dominação, por intermédio de discursos e "projetos" liberais, mas que não possuem de fato a intenção de desenvolver o que Freire (2000, 1997) nos ensinou sobre conscientização. Enfim, uma Didática *on-line* que contribua efetivamente para um desenho didático que promova a aprendizagem em ambientes digitais deve considerar o processo de aprendizagem dos sujeitos aprendentes: aprendizagem experiencial e plasticidade humana, estratégias de mediação que promovam uma aprendizagem integradora, autônoma: mediação partilhada.

Referências

ADORNO, T. W. *Mínima moralia: reflexões a partir da vida danificada*. Trad. Luiz Eduardo Bisca. São Paulo: Ática, 1992.

BELLONI, M. L. *Educação a distância*. 2. ed. Campinas/SP: Autores e Associados, 2001.

DAMÁSIO, A. *O mistério da consciência: do corpo e das emoções ao conhecimento de si*. São Paulo: Companhia das Letras, 2000.

DAMÁSIO, A. *Em busca de Espinosa: prazer e dor na ciência dos sentimentos*. São Paulo: Companhia das Letras, 2004.

DEL NERO, H. S. *O sítio da mente: pensamento, emoção e vontade no cérebro humano*. São Paulo: Collegium Cognitio, 1997.

FILATRO, A. *Design instrucional contextualizado: educação e tecnologia*. São Paulo: Editora Senac São Paulo, 2004.

FREIRE, P. *Pedagogia da autonomia: saberes necessários à Prática Educativa*. São Paulo: Paz e Terra, 1997.

FREIRE, P. *Pedagogia da indignação: cartas pedagógicas e outros escritos*. São Paulo: Editora UNESP, 2000.

INSTITUTO GULBENKIAN DE CIÊNCIA. Disponível em: <http://www.igc.gulbenkian.pt/sites/soliveira/cerebroestruturairrigacao.html>. Acesso em: nov. 2004.

KNAPPER, C. K.; CROPLEY, A. J. *Lifelong learning and higher education*. London: Kogan Page, 1985.

KNOWLES, M. *The adult learner: a neglected species*. 3. ed. Houston: Gulf Publishing Company, 1986.

KOLB, David A. *Experiential Learning: experience as the Source of learning and development*. EUA, New Jersey: Prentice Hall, 1984.

LEDOUX, J. *O cérebro emocional: os misteriosos alicerces da vida emocional*. 5. ed. São Paulo, SP: Objetiva, 1998.

LOMBROSO, P. Aprendizado e memória. *Revista Brasileira de Psiquiatria*. v. 26, n. 3. set. 2004. Disponível em: < http://www.psiquiatriageral.com.br/cerebro/aprendizado_memoria.htm>. Acesso em: mar. 2005.

LUDOJOSKI, R. L. *Andragogía o educación del adulto*. Buenos Aires: Guadalupe, 1972.

MALLART, J. Didáctica: concepto, objeto, finalidades. In.: SEPÚLVEDA, F., RAJADELL, N. *Didática general para psicopedagogos*. Universidad Nacional de Educación a Distancia. Madri, 2001.

MORAES, M. C. (Org.). *O paradigma educacional emergente*. Campinas-SP: Papirus, 1997.

MORAES, M. C. (Org.). *Educação a distância: fundamentos e práticas*. Campinas: NIED/UNICAMP, 2002.

PALLOFF, R. M., PRATT, K. *Construindo comunidades de aprendizagem no ciberespaço: estratégias eficientes para sala de aula* on-line. Trad. V. Figueira. Porto Alegre: Artmed, 2002.

PETERS, O. *Didática do ensino a distância: experiências e estágio da discussão numa visão internacional*. Trad. I. Kayser. S. Leopoldo/RS: Editora Unisinos, 2003.

PIAGET, J. *Biologia e conhecimento*. Porto: Rés Editora, 1978.

PIAGET, J. *Seis estudos de psicologia*. Trad. M. A. M. D'Amorim e P. S. L. Silva. 20. ed. Rio de Janeiro: Forense Universitária, 1994.

PIMENTA. S. G.; ANASTASIOU. L. G. C. *Docência no ensino superior*. São Paulo: Cortes, v. 1, 2002.

PLACCO, V. M. N. S.; SOUZA, V. L. T. (Orgs). *Aprendizagem do adulto professor*. São Paulo: Loyola, 2006.

PRADO, M. E.; VALENTE, J. A. A educação a distância possibilitando a formação do professor com base no ciclo da prática pedagógica. In: MORAES, M. C. (Org.). *Educação a distância: fundamentos e práticas*. Campinas: NIED/UNICAMP, 2002.

SANTOS, E. Educação *on-line* como campo de pesquisa-formação: potencialidades das interfaces digitais. In: SANTOS, E.; ALVES, L. *Práticas pedagógicas e tecnologias digitais*. Rio de Janeiro: E-papers, 2006.

SILVA, M. (Org). *Educação on-line: teorias, práticas, legislação, formação corporativa*. São Paulo: Edições Loyola, 2003.

SILVA, M., SANTOS, E. *Avaliação da aprendizagem em educação on-line*. São Paulo: Edições Loyola, 2006.

TORRE, S. *Didactica y curriculo: bases y componentes del proceso formativo*. Madri: Editorial DYKINSON, 1993.

TROCMÉ-FABRE, H. *A árvore do saber-aprender: rumo a um referencial cognitivo*. Trad. M. Segreto. São Paulo: TRYOM, 2004.

VALENTE, J. A., SILVA, T. T. A capacitação dos servidores do Estado via cursos *on-line*: adequando soluções às diferentes demandas. In: SILVA, M. (Org). *Educação on-line: teorias, práticas, legislação, formação corporativa*. São Paulo: Edições Loyola, 2003.

Sobre os autores

ADRIANA ROCHA BRUNO

Doutora e mestre em Educação pela Pontifícia Universidade Católica de São Paulo. Professora efetiva do Departamento de Educação da Universidade Federal de Juiz de Fora (UFJF), professora do Programa de Pós-Graduação em Educação da UFJF, coordenadora do Grupo de Pesquisa Aprendizagem em Rede (GRUPAR) e pesquisadora do grupo Linguagem, informação e conhecimento (LIC), ambos da UFJF. Tem experiência nas áreas de educação e pesquisa e atua principalmente com os seguintes temas: educação *on-line*, didática e didática *on-line*, aprendizagem de adultos em ambientes digitais, formação de educadores, neurociência e neuropsicologia, linguagem emocional e educação e tecnologias.

E-mail: *adriana.bruno@ufjf.edu.br*; Site: *www.brunopecanha.com.br*

EUCIDIO PIMENTA ARRUDA

Doutor e mestre em Educação e licenciado em História pela Universidade Federal de Minas Gerais (UFMG). Atualmente é professor e pesquisador adjunto I da Faculdade de Educação da Universidade Federal de Uberlândia (UFU). Tem experiência na área de educação, com ênfase em tecnologia e trabalho docente, educação e ensino de História. Desenvolve atividades docentes e de pesquisa nas seguintes áreas: educação, comunicação e tecnologia, ensino de História e tecnologias digitais, jogos de computador e aprendizagem, educação a distância. É autor do livro *Ciberprofessor: novas tecnologias, ensino e trabalho docente* (Autêntica, 2004). Desenvolve pesquisas e consultorias na área de jogos digitais, ensino e aprendizagem..

E-mail: *eucidio@gmail.com*

LÍVIA MARIA VILLELA DE MELLO MOTTA

Doutora em Linguística Aplicada e Estudos da Linguagem pela Pontifícia Universidade de São Paulo (PUC-SP), com parte de seus estudos de doutoramento feitos na Universidade de Birmingham, Reino Unido, onde defendeu a tese *Aprendendo a ensinar inglês para alunos cegos e com baixa visão – um estudo na perspectiva da teoria da atividade*. Atua tanto na área de formação de professores para a escola inclusiva como na área de inclusão cultural das pessoas com deficiência visual, com foco na audiodescrição.

E-mail: *livia@terra.com.br*

MARCO SILVA

Doutor em Educação e sociólogo. Professor pesquisador do Programa de Pós-Graduação em Educação da Universidade Estácio de Sá (RJ) e da Faculdade de Educação da Universidade Estadual do Rio de Janeiro (UERJ). Membro da diretoria da Associação Brasileira de Pesquisadores em Cibercultura (ABCIBER). Pesquisa e publica sobre sala de aula interativa presencial e *on-line*, sobre educação e cibercultura.

E-mail: *marcoparangole@uol.com.br*; Site: *www.saladeaulainterativa.pro.br*

MARIA HELENA SILVEIRA BONILLA

Doutora em Educação pela Universidade Federal da Bahia (UFBA), mestre em Educação nas Ciências e licenciada em Matemática pela UNIJUÍ. Professora da Faculdade de Educação da UFBA na área de educação e tecnologias da informação e comunicação. Coordenadora de informática do Programa de Formação de Professores em Exercício da Faced/UFBA e vice-coordenadora do Grupo de Pesquisa em Educação, Comunicação e Tecnologias (GEC). Pesquisa os temas inclusão digital, *software* livre e formação de professores.

E-mail: *bonilla@ufba.br*

MARIA TERESA DE ASSUNÇÃO FREITAS

Doutora em Educação pela Pontifícia Universidade Católica do Rio de Janeiro (PUC-Rio) e mestre em Educação pela Universidade Federal do Rio de Janeiro (UFRJ). Como professora da Faculdade de Educação da Universidade Federal de Juiz de Fora (UFJF), atua no Programa de Pós-Graduação em Educação e no curso de Pedagogia. Atualmente é coordenadora dos programas de pós-graduação stricto sensu da UFJF. É pesquisadora do CNPq e da Fapemig, coordenando, desde 1995, o Grupo de Pesquisa Linguagem, Interação e Conhecimento (LIC). Suas linhas de pesquisa são: perspectiva psicológica histórico cultural, leitura e escrita, letramento digital e formação de professores. É autora dos livros *Vygotsky e Bakhtin – Psicologia e Educação: um intertexto* (Ática, 1994), *O pensamento de Vygotsky e Bakhtin no Brasil* (Papirus,1994) e uma das organizadoras de *Leitura e escrita de adolescentes na internet e na escola* (Autêntica, 2005).

E-mail: *freitas.mteresa@gmail.com*; Site: *www.lic.ufjf.br*

ROSANE DE ALBUQUERQUE DOS SANTOS ABREU

Doutora em Psicologia pela Pontifícia Universidade Católica do Rio de Janeiro (PUC- Rio) e mestre em Educação mesma instituição. Professora Aposentada da Universidade Federal do Rio de Janeiro(UFRJ), pesquisadora do Núcleo de Estudos sobre Tecnologia e Subjetividade (NETS) do Departamento de Psicologia da PUC-Rio.

E-mail: *rosane.abreu@terra.com.br*

Este livro foi composto com tipografia Palatino e impresso em papel Off Set 75 g na Formato Artes Gráficas.